Liköre hausgemacht

CLAUS ARIUS

Liköre
hausgemacht

Weltbild

Genehmigte Lizenzausgabe für
Verlagsgruppe Weltbild GmbH, Steinerne Furt, 86167 Augsburg

Umschlaggestaltung: Studio Höpfner-Thoma, München
Umschlagmotiv: Westermann / Jahreszeiten Verlag
Textillustrationen: Monika Graff
Faksimile-Nachdrucke: Archiv Claus Arius
Gesamtherstellung: Offizin Andersen Nexö Leipzig GmbH,
Spengleralle 26–30, 04442 Zwenkau

Bildnachweis:
Studio Gerlach, Frankfurt/Main 9, 20, 29, 40, 49, 60, 89, 136;
Gruner+Jahr 69, 80, 108, 125

Printed in Germany

ISBN 3-8289-1096-3

2004 2003
Die letzte Jahreszahl gibt
die aktuelle Lizenzausgabe an.

Ein andere art eins Distillierofen/ mit einem jrrdinen helm/
vnd küpfferin külkesselin/ fast breuchlich/ den mann
auch mit holtz anwermen mag.

Inhaltsverzeichnis

Rezept-Teil

»Es ist ein Brauch von alters her: Wer Sorgen hat, hat auch Likör!«

Mit welchem Spruch schon könnte man ein Buch über hausgemachte Liköre treffender anfangen als mit diesem von Wilhelm Busch. Doch eine Erweiterung des häufig zu hörenden Zitats wollen wir sogleich vornehmen: Wir haben natürlich zu jeder Zeit Likör im Haus, und nicht nur zur Beseitigung von Sorgen. Likör ist für uns einfach ein Lebenselexier, auf das wir nicht mehr verzichten wollen und dessen Herstellung für viele ein genußreiches Hobby geworden ist. Immer, wenn sich die Gelegenheit ergibt, zum Beispiel wenn frische, saftreiche Früchte im Haus sind oder wenn aromatische Kräuter im Garten wachsen, und immer, wenn wir Lust verspüren, mal wieder einige Flaschen anzusetzen, holen wir unsere paar Gerätschaften heraus und fangen begeistert an zu messen und zu wiegen, zu rütteln und zu schütteln, zu filtern und zu färben. Der Lohn dieser angenehmen Arbeit winkt meist allerdings erst nach einigen Wochen, wenn die Liköre schön abgelagert und geklärt sind, die Flaschen ein hübsches selbstgemachtes Etikett tragen und die neugierigen Gäste sich versammelt haben.

»Liköre – hausgemacht« besteht aus zwei Teilen: einer gründlichen »Gebrauchsanweisung« und den Rezepten für Dutzende von nachmachenswerten Likören. Auch wer möglichst bald in die Praxis der selbstbereiteten Liköre einsteigen möchte, sollte sich doch vorher ein wenig mit der Theorie befassen. Gewiß, einige Passagen sind vielleicht weitergehend und tiefgründiger, wie zum Beispiel die Alkoholberechnung, sie kann man ohne weiteres überfliegen oder später nachlesen. Andere Kapitel sollte man gründlicher studieren, wenn man später nicht kostspielige Fehlschläge hinnehmen möchte.

Bei den Rezepturen wurde größter Wert darauf gelegt, die Verwendung des nun einmal notwendigen Alkohols nicht zu kostenaufwendig zu machen. Es ist nämlich ein erheblicher Unterschied, ob man den sehr teuren 96%igen Alkohol in der Apotheke besorgt, oder ob man ihn »verdünnt« zum Beispiel in Form von Klarem, Korn oder einer anderen Spirituose wesentlich preisgünstiger im Supermarkt ersteht. Die Preisdifferenz ist gewaltig. Manchmal allerdings läßt sich die Verwendung des hochprozentigen Alkohols nicht vermeiden.

Es muß auch darauf hingewiesen werden, daß unsere hausgemachten Liköre nicht immer den letzten strahlenden »Glanz« erhalten können. Uns fehlen einfach dazu die komplizierten technischen Voraussetzungen der »totalen« Filtration, wie sie in der Likörindustrie bestehen. Das hat aber weniger mit dem Geschmack zu tun.

Dem kreativen »Likörmischer« sei auch empfohlen, ruhig einmal von den Rezepturen versuchsweise abzuweichen. Zunächst vielleicht in kleinen Mengen, damit bei einem nicht brauchbaren Ergebnis der Ver-

lust nicht zu groß ist. Mit der ein wenig geübten Zunge kann man bald feststellen, welche Liköre schon harmonisch sind, und an welchen man gegebenenfalls noch ein wenig »arbeiten« muß. Wichtig ist, daß der Dreiklang zwischen Alkohol, Zucker und den aromagebenden Bestandteilen ausgeglichen ist. Der Alkohol aber muß dabei in jedem Fall über 18 Vol.% betragen, damit unsere Erzeugnisse auch haltbar sind. Wer also den Anteil der in den Rezepten genannten nicht alkoholischen Bestandteile erhöht, muß immer auch eine entsprechende Menge Alkohol dazugeben.
Die Bereitung ansprechender Kräuterliköre ist nicht so schwierig, eher die Beschaffung der notwendigen, meist nur in winzigen Mengen benötigten seltenen Kräuter und Drogen. Da die modernen Apotheken nur einige dieser Zutaten auf Lager haben werden, ist im Anhang eine Apotheke genannt, die sowohl die Kräuter einzeln verschickt, als auch zweckmäßigerweise in Form fertiger Mischungen. Genannt wurden bei den Adressen auch die Hersteller von genauen Waagen (falls man wirklich kleine Mengen ganz genau abwiegen möchte) und von Glasgeräten für den »Fortgeschrittenen« häuslichen Likörhersteller. Doch die meisten unserer Rezepte sind so, daß man auf komplizierte Geräte ohne weiteres verzichten kann.
Selbstverständlich haben wir den Einleitungsteil und die überlieferten, selbst erfundenen und ausprobierten Rezepte noch abschließend einem Fachmann vorgelegt. Dem Destillateurmeister, Herrn Heinz Laber, sei Dank für seine vielfältigen fachlichen Anmerkungen, die wir alle berücksichtigen konnten.

Bemerkenswertes zur erweiterten Neuauflage

Der große Erfolg der ersten Auflage dieses Likörrezeptbuches hat uns veranlaßt nach weiteren interessanten Rezepturen zu forschen. Unser Autor Claus Arius ist auch fündig geworden. Einige bemerkenswerte Rezepte hat er von italienischen Freunden erfahren, weitere alten Destillierbüchern entnommen oder selbst entwickelt. Um acht schöne Rezepte also ist diese neue Auflage erweitert, Rezepte, die ausprobiert und erprobt sind und jedem Likörfreund mit Sicherheit Spaß bereiten werden.
Auch wollen wir noch einmal an unseren Leitsatz erinnern, nicht alles so tierisch ernst zu nehmen. Erst das Beschreiten eigener Wege zeichnet die häusliche Likörbereitung aus. Hier eine Zutat zu ändern, die auch passen könnte, dort vielleicht den Alkoholgehalt etwas herauf- oder herabsetzen, bei einem anderen Rezept möglicherweise den Zuckergehalt verändern, das ist es, was wir »kreatives Likörmachen« nennen wollen. Im Gegensatz zur Industrie, die immer gleichbleibende Erzeugnisse herausbringen muß, können wir uns das erlauben, und ebenso ist es halb so schlimm, wenn unsere Liköre auch einmal nicht ganz so klar sind wie jene »Fabrikerzeugnisse«. Hauptsache wir haben Spaß und es schmeckt.
Dies wünschen Ihnen der Verlag und der Autor.

Man sammle Flaschen, wo immer man sie herbekommt. Je schöner die Formen, um so besser, denn eine ansprechende Form erhöht den Genuß. ▷

11. Pomeranzen

Eine kleine »Geschichte«

Wer gleich in die faszinierende Praxis des Herstellens der eigenen Liköre einsteigen möchte, mag dieses Kapitel, das sich mit der Historie beschäftigt, getrost überschlagen. Sicherlich ergibt sich später einmal die Gelegenheit, vielleicht sogar mit einem selbstbereiteten Likör im Glase, darin zu blättern. Wer aber ein wenig geduldiger ist und mehr wissen möchte, sollte sich ruhig zunächst mit unserer kleinen Geschichte des Alkohols und Likörs befassen. Wer sich gar ausführlicher mit der Entstehungsgeschichte der »geistvollen« Getränke beschäftigen will, dem seien zum eingehenden Studium die im Literaturverzeichnis genannten Werke – speziell jene von Helmut Arntz, Erna Horn und A. Maurizio – anempfohlen.

Daß Zucker, in welcher Form auch immer, die wesentliche Voraussetzung für die alkoholische Gärung ist, wird später noch ausführlicher erläutert. Zuckerhaltige Pflanzen aber gab es schon in der Urgeschichte der Erde, und so nimmt man an, daß bestimmte Insekten die ersten Lebewesen waren, die die Wirkung des Alkohols spürten und wohl auch Gefallen daran gefunden haben. Sie haben nämlich ihren Rüssel in vergorenen Pflanzensaft gesteckt und sich an dem darin enthaltenen Alkohol berauscht. Viel, viel später erst – wir wissen, es hat Jahrmillionen gedauert – hat sich die Menschheit entwickelt, und noch viel später hat auch sie festgestellt, daß bestimmte Flüssigkeiten eine recht »eigenwillige« Wirkung zeitigten. Vorher waren naturgemäß geschlossene Gefäße, die außerdem noch wasserdicht sein mußten, entdeckt worden. Es waren zunächst hohle Baumstämme, Tierhäute, Fruchthüllen, wie Kalebassen, Kokosnußschalen oder Vertiefungen im Fels. Wahrscheinlich war vergorenes Honigwasser das erste alkoholische Getränk in der Menschheitsgeschichte überhaupt. Es war Met, der viele Jahrtausende auch in der Mythologie eine gewichtige Rolle spielte. Man deutete seine berauschende Wirkung als Übergang göttlicher Kräfte auf den Menschen. Heute hat Met keine Bedeutung mehr, wenn man auch hin und wieder, speziell in etwas älteren Büchern, noch ein Rezept dafür findet.
Als dann neben Stein- und Metallwerkzeugen die Töpferei erfunden wurde, konnten auch Pflanzensäfte gewonnen werden und in Töpfen vergären. In der jüngeren Steinzeit waren dies überwiegend die Säfte von wilden Weintrauben, Maulbeeren, Birnen, Äpfeln, Pflaumen, Schlehen und anderen Früchten, aber auch Baumsäfte von Birke und Ahorn.
Doch vergorene Säfte geben noch keinen hochprozentigen Alkohol, geschweige denn einen Likör, von dem ja hier die Rede sein soll. Es mußte zunächst die Konzentration des in den vergorenen Säften mehr oder weniger stark enthaltenen Alkohols erfunden werden: die Destillation. Ein ganz eigener Schritt in der Geschichte der alkoholischen Getränke. Unerläßlich dabei war

das Feuer und natürlich auch feuerfeste Gefäße. Schon recht früh hat man erkannt, daß aus aufsteigendem und eingefangenem Dampf wieder Wasser wird, wenn man ihn erkalten und sich niederschlagen läßt. Und irgendwann stellte man auch fest, daß der Alkohol in einer alkoholhaltigen Flüssigkeit beim Verdampfen eher aufstieg als die restliche Flüssigkeit. Zunächst waren es recht primitive Geräte, die aber völlig ausreichten, um aus Met und später aus Kumyß (vergorener Milch), Wein, vergorenen Säften aller Art, ja sogar aus dem damaligen primitiven Bier »Konzentrate« herauszudestillieren, die wesentlich höhere Alkoholanteile aufwiesen als die ursprüngliche Flüssigkeit.

Zunächst waren es ganz einfache Gefäße, aus denen hölzerne Rohre (z. B. hohle Äste oder Bambus) ragten. Bei der Erhitzung des »Brennkolbens« stieg der alkoholreiche Dampf auf und tröpfelte am Ende der Rohre als sicherlich schrecklich schmeckendes Alkoholkonzentrat heraus. Später kühlte man die Rohre, und die Ergebnisse wurden im Laufe der Jahrhunderte immer besser.

Im Altertum waren es zum Teil Priesterinnen, denen die Zubereitung alkoholischer Getränke vorbehalten war, und Griechen und Römer besangen bereits ausgiebig den Genuß des Alkohols. Später finden wir dann in der deutschen Literatur unzählige Reime und Zitate, die sich mit dieser lieb gewordenen Angewohnheit beschäftigen.

Zu höheren Ehren und zu weitaus verbesserter Technik ist die Destillation dann im Mittelalter gelangt. Die geheimnisvolle Alchemie ohne Destillation ist kaum denkbar, und in dieser Zeit wird man auch daran gegangen sein, den gewonnenen Alkohol durch andere Zusätze, wie Kräuterauszüge, Honig, Fruchtsäfte usw. zu den ersten Likören zu »verbessern« oder auch Früchte in Alkohol zu konservieren. Schon in den ersten Büchern und in alten Handschriften findet man vielfältige Beweise dafür.

Was hinsichtlich der Herstellung dann über Jahrhunderte zunächst den Apotheken und dann den Hausfrauen oder auch den Hausherren vorbehalten war, übernahm später eine ganze Industrie. In unzähligen Varianten werden Liköre seit Jahrhunderten hergestellt, und sie wurden in der Qualität immer weiter verbessert.

Heute, wo im Zeichen der Nostalgie die Sehnsucht wieder größer wird, sich an selbst Hergestelltem zu erfreuen, erinnert man sich dieser alten Rezepte und braut das, was man mit Andacht genießen möchte, recht gern wieder so ganz nach seinem eigenen Geschmack.

Was da so alles im Likör enthalten ist

Im Likör spielt eine Dreieinigkeit von Zutaten die wesentliche Rolle: der Alkohol, der Zucker und jene Substanzen, die den Geschmack, das Aroma und die Farbe geben. Erst die vollendete Harmonie der Hauptbestandteile macht einen guten Likör, macht, daß man nach einem zweiten oder dritten Gläschen gerne verlangt. Bevor wir nun an das eigentliche Zusammenstellen, das »Mixen« der Liköre gehen, sollten die einzelnen Bestandteile doch schon etwas ausführlicher – soweit es für die Selbstherstellung eben erforderlich ist – behandelt werden.

»*Geistlosen*« *Likör gibt es nicht*

Ein Likör ohne Alkohol ist undenkbar. Er wäre ein Nichts und würde niemandem Spaß machen. Erst durch diese im wahrsten Sinne berauschende Ingredienz erhält der Likör seine anregende, seine Geist und Sinne beflügelnde Eigenschaft. Gewiß, Alkohol kann auch gefährlich werden, wenn er im Übermaß genossen wird, doch Likör ist durch sein Wesen eigentlich schon so angelegt, daß man kaum größere Mengen – wie etwa bei einem klaren Schnaps, bei Wodka oder Steinhäger – davon trinken kann. Der »sättigende« Effekt, gegeben durch den meist recht hohen Zuckergehalt, verhindert ziemlich sicher, daß man mit Likör – um es einmal volkstümlich auszudrücken – einen über den Durst trinkt (wobei Ausnahmen, wie überall im Leben, die Regel nur bestätigen). Likör ist eben ein ganz besonderer »Saft«. Wieviel Alkoholprozente nun ein Likör haben sollte, richtet sich ganz nach seiner Art. Doch davon später ausführlicher.

Was ist eigentlich Alkohol?

Ganz einfach ausgedrückt, ist Alkohol immer das Ergebnis einer Gärung, bei der Zucker in einer flüssigen Grundsubstanz durch *Mikroorganismen* (Hefe) in Kohlensäure und Alkohol umgewandelt wird. Die Kohlensäure läßt man einfach entweichen (außer bei der zweiten Gärung des Sektes, bei dem sie später das herrliche Perlenspiel im Glase ergibt und beim Bier). Den Alkohol destilliert man nach der vollendeten Gärung dann heraus. Praktisch sind alle Früchte, Pflanzen, Gemüse, Getreide, ja selbst Holz für diesen Umwandlungsprozeß geeignet, sofern sie Zucker (Kohlehydrate) enthalten. Und selbst wenn der Zucker ursprünglich noch gar nicht vorhanden ist, kann er durch einen vorangehenden Umwandlungsvorgang im Produkt »hergestellt« werden. Bei Kartoffeln und Getreide zum Beispiel ist dies der Fall. Die darin enthaltene Stärke wird zunächst durch einen Prozeß in vergärbaren Zucker umgewandelt, dann erst folgt die Gärung durch Alkohol und das Herausziehen des Alkohols.

Wie gewinnt man den Alkohol?

Die alkoholhaltige Flüssigkeit, zum Beispiel Wein oder eine vergorene Fruchtpulpe, etwa eine Pflaumenmaische, wird langsam erhitzt, und da die Alkoholkonzentration im aufsteigenden Dampf höher ist als im Wein oder in der Maische, erhält man – nachdem der Dampf in einer Kühlschlange abgekühlt wurde – ein mehr oder weniger hochprozentiges Wasser/Alkoholgemisch. Doch ganz so einfach ist es natürlich auch nicht, denn zum Anfang und Ende

des Brennprozesses werden unerwünschte Geschmacksstoffe vom Alkohol/Wasser mitgenommen (im sogenannten *Vorlauf* und *Nachlauf*), welche die Qualität der Spirituose erheblich beeinflussen würden, sonderte man sie nicht sogleich sorgfältig aus. Der Brennmeister hat also die schwierige Aufgabe, durch ständiges Probieren während des Brennvorganges das sogenannte Herzstück herauszufinden. Jenes Destillat, das allein die wertvollen Aromen der Grundsubstanz enthält.
Wie nun ein solches Destillat schmeckt, was daraus wird, hängt von Art und Qualität der Rohstoffe ab. Aus gebranntem Wein wird Weinbrand, Cognac, Armagnac oder Brandy; aus vergorenen und dann destillierten Früchten wird beispielsweise Kirschwasser, Birnenbrand oder Slivowitz; aus vergorener Zuckerrohrmelasse brennt man den Rum; aus den Abfällen bei der Weinherstellung, den Trestern, stellt man Grappa, Marc oder Tresterschnäpse her; aus Enzianwurzeln den speziell in den Gebirgsländern so beliebten Enzian und aus Korn aller Art macht man eben Korn, aber auch Whisky, Wodka, Genever, Aquavit, Wacholder und andere.

Vater Staat trinkt mit

Die Destillation einer alkoholhaltigen Flüssigkeit zwecks Gewinnung von Alkohol ist ein komplizierter und schwieriger Prozeß, den man im Haushalt nicht durchführen darf. Selbst wenn man die dazu erforderliche Brennblase zur Verfügung hätte, man dürfte sie nicht benutzen.
Vater Staat hat sein Auge darauf und ohne staatliche *Brennerlaubnis* ist die Alkoholherstellung auch in kleinen Mengen streng verboten. Hohe Strafen erwarten den Übeltäter, der diese Vorschriften durchbricht. Vielleicht ist es auch gut so, denn während der alkoholischen Gärung entstehen – vor allem bei Früchten – auch andere giftige Nebensubstanzen, z. B. *Methylalkohol, Acetaldehyd* usw., die für sich allein zum Erblinden, ja zum Tode führen können. Beim unsachgemäßen Brennen, wie es in der Regel beim Schwarzbrennen geschieht, werden diese Substanzen selten so »abgetrennt«, daß es nicht zu einer Bedrohung der Gesundheit kommt.
Ein anderer wichtiger Grund ist der, daß jeder Liter reinen Alkohols zur Zeit mit DM 19,50 *Branntweinsteuer* belegt ist. Eine hübsche Nebeneinnahme für den Staat, die natürlich auch die Preise aller Alkoholika (seit der letzten Steuererhöhung) ziemlich in die Höhe gehen ließ. Bei einer 0,7-Liter-Flasche beträgt der Steueranteil bei 30 Vol.% = DM 4,10, bei 32 Vol.% = DM 4,37, bei 38 Vol.% = DM 5,19, bei 40 Vol.% = DM 5,46 und bei einem starken Rum mit 75 Vol.% = DM 10,24. Man kann sich leicht ausrechnen, was ein Erzeugnis wirklich »wert« ist, wenn man diesen hohen Steueranteil vom Einstandspreis abzieht. Wir brauchen uns also auch nicht zu wundern, wenn der reine Alkohol, den wir in der Drogerie und Apotheke kaufen (und auf den wir noch zu sprechen kommen), so teuer ist. Bei den 96 Vol.%, die er aufweist, sind allein DM 18,72 Steuer auf dem Liter.

Es lebe das Monopol

Der in Apotheken und Drogerien verkaufte Alkohol wird bei der staatlichen *Bundesmonopolverwaltung* bezogen. Da in der Bundesrepublik nur die Weinbrand-, Obstbranntwein- und Kornhersteller ihren Alkohol selbst herstellen, verarbeiten und schließlich auf den Markt bringen dürfen, ergibt sich aus dieser Verordnung, daß alle anderen Alkoholerzeuger zunächst ihr Erzeugnis an den Staat abliefern müssen. Dort kommt alles in einen großen Topf, ganz gleich, ob es aus Kartoffeln, Getreide, Melasse, Obst oder anderen Grundstoffen hergestellt wurde. Nach einer sorgfältigen Behandlung und Reinigung wird daraus schließlich der *Monopolsprit.* Jeder, der Alkohol weiterverarbeiten möchte und nicht zu den obengenannten Herstellern gehört, muß seinen Alkohol bei der Monopolverwaltung beziehen und jeder bekommt die gleiche Qualität.

Die Fachbezeichnung für diesen Alkohol ist *Primasprit,* doch außer dieser Standardqualität gibt es noch eine »Luxusausführung«, die als extra fein filtrierter Sprit, auch *»eff-Sprit«* genannt, auf den Markt kommt. Diese Sorte wird besonders intensiv mehrfach über Holzkohle gefiltert. Doch man kann davon ausgehen, daß beide Sorten immer gleichbleibend völlig neutral sind und auch immer über 94,4 *Gewichtsprozente Alkohol* aufweisen.

In der Praxis und bei den Deklarationen auf den Etiketten aller Spirituosenflaschen spricht man allerdings von *Volumenprozenten (= Vol.%).* Was ist nun der Unterschied? Da Alkohol ein geringeres spezifisches Gewicht als Wasser hat, nimmt er auch einen größeren Raum ein, als eine

gleichschwere Wassermenge. Ein Liter 40 Vol.%igen Korns hat demnach tatsächlich nur 334 g reinen Alkohol und dieser Alkohol beansprucht in dem Liter Flüssigkeit einen Raum von 400 Kubikzentimetern = 40%. Doch soweit brauchen wir eigentlich nicht in die Methoden der Alkoholberechnung einzusteigen.

Der Primasprit oder eff-Sprit hat jedenfalls garantiert immer mindestens 96,4 Vol.% Alkohol. Diese von der Monopolverwaltung angebotenen Produkte werden in Apotheken und Drogerien unter dem Begriff *»Spiritus«* (*»zu Heilzwecken«*) – nicht zu verwechseln mit dem ungenießbaren *Brennspiritus* – verkauft. Früher nannte man sie auch *Weingeist.* Wir sprechen in den Rezepten immer von *Alkohol.* Wenn Sie diesen Begriff lesen, dann wissen Sie, daß der staatlich kontrollierte Sprit mit 96 Vol.% gemeint ist.

Primasprit oder eff-Sprit?

Auf die Frage, welche dieser beiden Sorten denn nun für unsere Liköre besser sei, kann man klar antworten, daß die Standardqualität ausreicht. Auch hier ist garantiert, daß höchstens 4 mg *Fuselöl* pro Liter enthalten sind (viel zu wenig, um irgendeine Auswirkung zu haben), und auch hier sind andere unerwünschte Stoffe auf ein Minimalmaß herausdestilliert. Eff-Sprit hat eher eine Bedeutung bei der Wodkaherstellung, bei der nur Spuren an geschmacksgebenden Substanzen zugegeben werden und wo der klare »Schnaps« für sich sprechen soll. Bei unseren Likören wird kaum später jemand in der Lage sein, einen Unterschied herauszuschmecken.

Wenn es genau nach Vorschrift geht, werden Sie in der Apotheke oder Drogerie vom Alkohol nicht mehr als 1/2 Liter mit einemmal erhalten. Diese »Zuteilung« kann man natürlich leicht in der nächsten und übernächsten Apotheke erhöhen, wenn man entsprechenden Bedarf hat. Eine wohl völlig sinnlose »Bezugsbedingung für Branntwein«, wenn man in jedem Laden alkoholische Getränke kaufen kann, soviel man will.

Prozente, Prozente

Fertige Liköre gibt es von 20 Vol.% bis zu geradezu »atemberaubenden« Graden. In Italien kann man einen mit 75% kaufen. Er hat die verheißungsvolle Bezeichnung »Latte di Suocera«, also »Schwiegermuttermilch«. Wie stark ein Likör sein muß, hängt ganz von seiner Zusammensetzung ab. Da reiner Alkohol ohne Geschmack ist, verdrängt praktisch jedes Prozent davon etwas von den aromagebenden Bestandteilen. Auf der anderen Seite kann man aber auch nicht beliebig den Alkoholgehalt senken. Da wir unsere Liköre nicht verkaufen wollen, und deshalb auch keine präzisen (den Vorschriften genügende und für die Versteuerung unerläßliche) Prozentangaben machen müssen, kommt es auf den genauen Alkoholgehalt nicht so an. Hier einige Beispiele für die vom Gesetzgeber vorgeschriebenen Mindestgehalte an Alkohol:

Cremelikör	14 Vol.%
Kakao-, Kaffee- und Teeliköre	25 Vol.%
Fruchtsaftliköre	25 Vol.%
Liköre allgemein	30 Vol.%
Danziger Goldwasser	38 Vol.%
Allasch (Kümmellikör)	40 Vol.%

Dies gilt für in Deutschland hergestellte Erzeugnisse und wurde bis vor kurzem auch angewendet, wenn für Liköre aus dem Ausland ein niedrigerer Alkoholgehalt üblich war. Der berühmte *Crème de Cassis,* jener so beliebte schwarze Johannisbeerlikör, wird in Frankreich fast immer mit 18 Vol.% hergestellt. Für die Bundesrepublik mußten noch 7% Alkohol dazugegeben werden, damit er den Vorschriften für Fruchtsaftlikör entsprach. Seit 1979 ist diese widersinnige Vorschrift aufgehoben, nach der solche landesüblichen Produkte nur teurer gemacht wurden. Dies als Beispiel, wie sehr es doch auf den Alkoholgehalt ankommen kann, wenn Likör unter staatlicher Kontrolle steht.

Die Überprüfung des fertigen Likörs auf den Alkoholgehalt ist im Privathaushalt kaum möglich. Während man klare Spirituosen (ohne Zucker und Extraktstoffe) oder Alkohol/Wasser-Gemische mit einem *Aräometer* (das ist ein spindelförmiges Meßgerät, welches man in die Flüssigkeit eintaucht) überprüfen könnte, ist dies bei Likören nur mit einer Probedestillation möglich. Für den häuslichen Likörhersteller, der ganz tief in diese Materie eindringen möchte (vielleicht später sogar einen Beruf daraus machen will), haben wir im Anhang Bezugsquellen für diese Geräte angegeben.

Likör aus fertigen Spirituosen

Viele der erwähnten »harten« Spirituosen eignen sich ausgezeichnet als alkoholische Basis für selbstbereitete Liköre. Natürlich spielen die ausgeprägten und typischen Charaktereigenschaften dieser Spirituosen eine gewisse Rolle, und man sollte sie ganz bewußt einsetzen, um seinen Likören eine spezielle Note zu geben. Besonders Weinbrand aller Art, *Rum, Obstdestillate* oder *Calvados* sind hierfür geeignet. Alles paßt allerdings nicht zusammen. Will man neue Wege beschreiten, sollte man sicherheitshalber erst kleinere Versuchsmengen anfertigen.

Völlig problemlos sind die meist ganz geschmacklosen *Klaren,* die in einigen Teilen Deutschlands erhältlichen *Ansetzbranntweine* oder der fast neutrale *Korn, Doppelkorn, Wodka, Münsterländer, Nordhäuser, Richtenberger* und ähnliche Schnäpse. Die geringen Geschmackszusätze sind schon so kaum herauszuschmecken, geschweige denn, wenn noch andere Zutaten mit vorherrschenden Aromen und Zucker zugesetzt werden. Wenn wir in unseren Rezepturen von »Klarer« sprechen, können Sie also getrost auch diese anderen weißen Schnäpse verwenden, sofern der Alkoholgrad übereinstimmt.

Vorsicht ist allerdings geboten bei jenen Schnäpsen, die zwar auch wasserklar oder leicht gelblich sind, die aber doch in spürbarem Maße aromatisiert wurden. *Wacholder, Gin, Steinhäger, Aquavit, Genever* gehören dazu. Nur in Ausnahmefällen sind sie geeignet. Wer einen Kümmellikör herstellen möchte, kann natürlich einen klaren *Kümmel* als Basis verwenden, doch Eierlikör aus Doppelwacholder schmeckt ganz bestimmt schaurig.

Man wird übrigens immer den Alkohol, der im Klaren enthalten ist, wesentlich preisgünstiger kaufen können, als wenn man ihn in Form von 96%igem Alkohol in der Drogerie oder Apotheke bezieht. (Heutzutage kostet ein Liter 96%iger Alkohol ca. DM 40,–. Eine 0,7-Liter-Flasche Klarer mit 32 Vol.% kann man schon für DM 5,60 im Großmarkt erstehen. Das macht umgerechnet nur DM 24,– für die gleiche Menge Alkohol.) Man kommt aber nicht immer mit dem »schwachen« Klaren aus und muß dann doch in die Apotheke.

Der Zucker im Likör

Genausowenig wie es einen Likör ohne Alkohol gibt, wird man einen ohne Zucker oder Honig finden. Zucker muß sein, er verleiht dem Likör seine Lieblichkeit und macht ihn harmonisch und – wenn man eine spezielle Zuckersorte verwendet – auch dickflüssig. Im wesentlichen genügt bei unserer häuslichen Likörbereitung der in jedem Lebensmittelgeschäft erhältliche Raffinadezucker. Allerdings ist es in jedem Fall besser, ihn vor der Verwendung in Wasser zu lösen, da er sich in Alkohol/Fruchtsaft-Mischungen zum Beispiel nur mühselig auflösen läßt. Bei dieser Lösung des Zukkers haben wir gleich auch die Gelegenheit, ihn von vielleicht noch vorhandenen Unreinheiten (die unseren Likör trüben könnten) zu befreien.

Die Standardzuckerlösung

Nur bis zu einer gewissen Menge ist Zucker in Wasser lösbar, und zwar gänzlich abhängig von der Temperatur des Wassers. Danach tritt eine Sättigung ein und der restliche Zucker wird in Kristallform verbleiben oder bei weiterer Abkühlung der Flüssigkeit wieder auskristallisieren. Die folgenden Zahlen mögen dies deutlich machen: Bei 100° C benötigt man nur 0,21 l Wasser, um 1 kg Zucker aufzulösen, bei 40° C schon die doppelte Menge Wasser, und wenn das Wasser eiskalt ist, braucht man sogar 0,56 l für 1 kg Zucker. Doch zum Glück ist das Auskristallisieren durch einen einfachen Vorgang zu vermeiden, und wir können auch ziemlich hohe Zuckerkonzentrationen bei jeder Temperatur flüssig halten. Dieser Trick heißt in der Fachsprache *Inversion,* und es ist eine chemische Umwandlung, bei der aus unserem handelsüblichen Zucker Trauben- und Fruchtzucker wird. Der *Invertzucker* wird folgendermaßen hergestellt:

Man mißt die in der Tabelle auf Seite 21 angegebene Wassermenge ab, gibt den Zukker dazu und bringt diese Mischung unter Rühren zum Kochen. Dann, wenn der Siedepunkt erreicht ist, kommt die in etwas heißem Wasser aufgelöste Weinsäure dazu. Zitronensäure eignet sich übrigens genauso gut. Beides bekommt man in Pulverform für ein paar Pfennige in der Apotheke und dort wird es auch genau abgewogen. Wenn die Lösung im kochenden Zucker ist, noch genau 10 Minuten ganz leicht unter ständigem Rühren kochen lassen. Wenn der Zucker zu stark kocht, kann er karamelisieren. Er verliert dann an Süßkraft, erhält durchaus angenehme neue Geschmacksstoffe, und man könnte ihn bei sehr starker Karamelisierung zum Färben nehmen. Doch das ist ein Thema für sich. Im Augenblick wollen wir ja nur einen normalen Zucker zum Süßen erhalten.

Falls sich beim Kochen ein schmutziger Schaum bildet, so hebt man ihn mit einer

Inserat aus »Süddeutsche Küche« von Katharina Prato, Graz, 1908

Schaumkelle ab. Meist ist aber die heutige Raffinade so sauber, daß keine Verunreinigungen im Schaum feststellbar sind. Die fertig gekochte Lösung wird nun (am besten, nachdem sie ein wenig abgekühlt ist, denn sie ist teuflisch heiß) mit heißem Wasser im Meßbecher auf genau die in der Tabelle angegebene Endmenge aufgefüllt. Man kann dies auch im Kochtopf tun. Ein Trick dazu: vorher einen Stab in den Kochtopf halten, z. B. einen Schaschlikspieß o. ä., und beim Einfüllen von 0,5; 1,0; 1,5 Liter oder anderen gewünschten Mengen Wasser, Striche an dem Stab anbringen. So kann man später die genauen Mengen gleich im Kochtopf feststellen ohne umfüllen zu müssen.

Natürlich könnte man jedes andere beliebige Verhältnis von Wasser und Zucker (auch ohne zu messen) so abkochen, doch diese Maße sind in der Likörindustrie üblich, weil hierbei pro Liter Lösung genau 1 kg Zucker enthalten ist. Dadurch kann man später den Zuckergehalt im Likör bestimmen. Das muß zwar bei der häuslichen Likörbereitung nicht sein, aber warum sollte man auf diese einfache Möglichkeit verzichten? Außerdem ist die hohe Zukkerkonzentration eine Sicherheit für die längere Haltbarkeit der Lösung. Wer will, kann jetzt noch den fertigen Sirup durch ein sauberes Leinentuch filtern (das kann einige Zeit dauern) und dann auf Flaschen abfüllen. Da wir aber meist den fertigen Likör filtern, ist dieser Arbeitsgang nicht unbedingt erforderlich.

GRENADINE
Alkohol
CH3CH2OH
ZÜCKER SIRUP
Zuc

Wassermenge vor dem Abkochen	*Zuckermenge*	*Wein- oder Zitronensäure*	*Endmenge des Zuckersirups*
0,20 l	500 g	0,5 g	0,5 l
0,45 l	1000 g	1,0 g	1,0 l
0,65 l	1500 g	1,5 g	1,5 l
0,85 l	2000 g	2,0 g	2,0 l
1,10 l	2500 g	2,5 g	2,5 l
1,30 l	3000 g	3,0 g	3,0 l

In unseren Rezepten nennen wir diese Zuckerlösung der Einfachheit halber *Zuckersirup*. Sie ist nicht zu verwechseln mit dem *Glukosesirup*, den wir jetzt behandeln. (Falls Sie sich die Mühe der Herstellung von Zuckersirup ersparen wollen, haben wir übrigens im Anhang eine Apotheke erwähnt, wo Sie ihn fertig beziehen können.)

Glukosesirup

Dieser spezielle Zucker – man nennt ihn auch *Stärkesirup* oder *Kapillärsirup* – wird häufig in der Likörindustrie verwendet, um Liköre »dick« zu machen. Viele Likörfreunde lieben nun einmal eine gewisse sämige Konsistenz bei ihren Likören, ohne daß diese deshalb nun übermäßig süß sein sollen. Das erreicht man allein mit diesem speziellen Zucker, der eine stark verringerte Süßkraft hat und Liköre dickflüssig machen kann.
Leider können wir diesen Glukosesirup nur schwer bekommen, da er außer für Zwecke der industriellen Likörherstellung sonst keine Bedeutung hat. Wenn Sie diesen speziellen Sirup beschaffen können (Bezugsquelle im Anhang), müssen Sie beachten, daß seine Süßkraft nur etwa halb so stark ist wie die unseres normalen Zuckersirups. Auch muß man ausprobieren, wie dick der Likör sein soll. Immer wird man Mischungen beider Siruparten verwenden, meist mit 10–15% Glukosesirup im Zuckersirup.

◁ Alkohol – in reiner Form oder in Spirituosen – ist neben Zuckersirup unerläßliche Zutat zum Likör. Doch auch das Auge trinkt mit, und wenn Fruchtsäfte und Kräuterauszüge zu wenig Farbe abgeben, sollte man mit natürlichen oder künstlichen Farbstoffen ein wenig nachhelfen.

Honig ist nicht nur süß

Bärenfang heißt der berühmte Honiglikör, in dem das wundervolle Aroma und der typische Geschmack des Honigs so herrlich zum Ausdruck kommt. Doch Honig wird mit seiner großen Süßkraft natürlich auch in anderen Likören verwendet – aber nicht nur als »Süßstoff«. Er bringt eben noch sehr interessante Geschmacksstoffe ins Spiel, die den Likören eine ganz eigene Note geben. Ersetzen Sie ruhig bei den Rezepten einen Teil des Zuckersirups durch Honig, auch wenn es nicht angegeben ist. Vielleicht gehen Sie dabei schrittweise vor, so daß der Honiggeschmack nicht vorherrschend, sondern nur unterstützend wirkt.
Die gern durch den Honig auftretenden *Trübungen* kann man durch längere, möglichst kühle Lagerung und anschließendes vorsichtiges Abziehen oder Filtern ohne allzu große Mühe beseitigen.

Zuckerersatz

Ein Problem gibt es für jene Likörfreunde, die streng kalorienbewußt leben wollen oder die zuckerkrank sind und Zucker – in welcher Form auch immer – nicht verzehren wollen oder dürfen. Es gibt zwar eine Reihe von *Zuckeraustauschstoffen,* doch da Zukker ja auch Volumen im Likör füllt und eine gewisse Sämigkeit abgibt, kann man ihn kaum mit ein paar Tropfen *Süßstoff* ersetzen. Weiterhin ist in den meisten Fruchtsäften soviel Fruchtzucker enthalten, daß auch sie von vornherein für die Likörherstellung bei strenger *Diät* nicht in Frage kommen. Am leichtesten wird man noch bei Kräuterlikören eine Möglichkeit finden, Zucker durch einen geeigneten Austauschstoff zu ersetzen. Speziell bei den ganz bitteren Sorten spielt Zucker dann auch nicht mehr die große Rolle. *Diabetiker* sollten aber in jedem Fall vorher mit ihrem Arzt sprechen, ehe sie sich Likör herstellen.

Wasser im Likör?

Wenn wir Früchte und Fruchtsäfte verwenden, brauchen wir uns selbstverständlich um die Wasserfrage nicht zu kümmern. Doch hin und wieder wird es vorkommen, daß wir unseren Likör verdünnen, also auf die richtige *Trinkstärke* herabsetzen müssen. Dazu ist Wasser gerade richtig. Außerdem brauchen wir es für unsere Zuckerlösung. Doch nicht jedes Wasser ist geeignet dafür. Fest steht, daß gutes, weiches Leitungswasser ohne Nachteile, so wie es aus dem Hahn fließt, verwendet werden kann. Problematischer ist schon hartes Wasser. Die darin enthaltenen Salze (Karbonate, und Sulfate des Kalks und der Magnesia) sind in alkoholischen Mischungen nur schwer lösbar (je höher der Alkoholanteil, um so schwerer) und führen zu *Trübungen* des Liköres. Oft treten diese Trübungen erst nach Wochen auf und machen unser schönes Werk zunichte – wenn sie auch geschmacklich keinen großen Einfluß haben, weil Alkohol und Aromastoffe doch »stärker« sind. Ebenso ungeeignet ist stark eisenhaltiges Wasser, denn auch hierdurch entstehen leicht unschöne Niederschläge und Trübungen. Daß riech- und schmeckbar gechlortes Wasser nicht verwendet werden sollte, liegt auf der Hand.

Was können wir in solchen Fällen tun? Das Wasser wird einige Minuten aufgekocht und nach dem Erkalten durch einen Filter gegossen. Leider lassen sich damit aber nur bestimmte Salze ausfällen, anderen kann man mit einer solch einfachen Methode nicht zu Leibe rücken. In allen »schwierigen« Fällen ist es besser, gleich *destilliertes* oder *demineralisiertes Wasser* aus der Apotheke zu verwenden. Außerdem gibt es jetzt schon recht brauchbare *Geräte zur Wasserenthärtung* für den Haushalt. Wenn sich die Trübung erst später herausstellt, kann man den Likör vorsichtig abgießen, so daß die Trübstoffe in der Flasche bleiben oder man filtert alles noch einmal durch.

Aroma, Bukett und Farbe

Wir haben von der Dreieinigkeit im Likör gesprochen und nachdem Alkohol und Zucker an der Reihe waren, ist es nun an der Zeit, den dritten ebenso wichtigen Bestandteil zu behandeln. Allerdings ist dies nicht ganz so einfach, denn hier gibt es Ingredienzien aus vielen Bereichen unserer heimatlichen oder auch aus fremden Naturen. Da gibt es Gewürze; Drogen der vielfältigsten Art wie Rinden, Kräuter (frisch oder getrocknet), Beeren, Blätter, Samenkörner, Wurzeln, Blüten, Mark, ja sogar Harze; da verwendet man natürlich die schmackhaften und aromastarken Fruchtsäfte; erwähnen wir auch Kaffee, Kakao, Tee, Eier, Nüsse, Milch. Alles dient dazu, Likören den Charakter zu geben, die eigene Art. Durch Zucker und Alkohol allein kann ja noch kein Likör entstehen.

Vielfach werden die Zutaten direkt vor der Haustür im Garten wachsen, und die Likörbereitung bietet eine wundervolle Gelegenheit, z. B. Säfte auf elegante Weise in den Winter zu bringen. Andererseits sind viele Drogen so selten, daß wir sie in der Apotheke beschaffen oder in speziellen Versandgeschäften bestellen müssen. In jedem Fall haben wir genügend Auswahlmöglichkeiten, die herrlichsten Liköre zu brauen, nach Rezept oder nach eigenen Ideen. Man sollte ruhig auch einmal mutig sein und neue Wege beschreiten, die eine Zutat vielleicht gegen eine andere austauschen, eine Menge verändern. In diesen Fällen ist es sicher besser, nicht gleich zuviel anzusetzen, denn gerade der Alkohol ist doch recht teuer, und wer gießt schon gerne im Falle eines Fehlschlages einen Liter davon in den Spülstein. Man kann auch sehr kleine Mengen ansetzen und nach einem Probegläschen weiß man, ob das Werk gelungen ist und ob es sich lohnt, gleich für die ganze Verwandtschaft ein paar Flaschen davon herzustellen.

Früchte

Die größte Bedeutung, auch unter den Industrieprodukten, haben neben den Kräuterlikören die *Fruchtsaft*- oder *Fruchtaromaliköre*. Damit haben wir auch schon die beiden hauptsächlichen Unterscheidungsmerkmale erwähnt. Wie der Name sagt, werden in einem Fall die Fruchtsäfte verwendet, im anderen nur die Aromen. Wollen Sie die gesetzliche Definition dafür wissen? »Fruchtsaftliköre sind Spirituosen, in denen der Saft derjenigen Fruchtarten, nach denen die Liköre benannt sind, als wesentlicher geschmacksbestimmender Anteil enthalten ist. Der Gehalt an Fruchtsaft der namengebenden Frucht beträgt je 100 l Likör mindestens 20 l.« Damit hätten Sie auch schon fast die Rezeptur: Ein Schuß Fruchtsaft, ein Schuß Zuckerlösung und ein Schuß Alkohol. Nun, ganz so einfach ist es auch nicht.

Schon bei der Herstellung der Fruchtsäfte muß man einiges beachten. Am besten sind vollreife, hocharomatische Früchte, die jedoch noch keinerlei angestoßene oder schlechte Stellen haben dürfen. Eventuell muß man diese entfernen. Den Saft kann man auf verschiedene Weise herstellen. In jedem Fall sollte man aber dabei beachten, daß er möglichst schnell weiterverarbeitet wird, denn jede halbe Stunde Berührung mit der Luft bedeutet Vitamin- und Aromaverlust. Außer drei Methoden zur Saftgewinnung haben wir deshalb auch drei Arten der Haltbarmachung aufgezeigt. Wer seine Säfte allerdings gleich verarbeitet, braucht sich darum nicht zu kümmern, denn der im Likör enthaltene Alkohol ist in seiner Fähigkeit zu konservieren einmalig.

Entsafter: Hier gibt es ein reiches Angebot mehr oder weniger zweckmäßiger und praktischer Geräte. Einige funktionieren kontinuierlich. Man stopft oben die Früchte hinein und an einem Ende fließt der Saft, während am anderen die fast trockenen Abfälle herauskommen. Andere Entsafter muß man hin und wieder anhalten, um die Reste zu entfernen. Wer reichlich Saft erzeugen möchte (auch als täglichen Vitamintrank), sollte sich schon ein solches Gerät anschaffen.

Kaltentsaftung: Hierbei werden die Früchte einfach zerdrückt oder zermahlen, in ein Leinentuch gegeben (eventuell an die Füße eines umgekehrt auf einen Tisch gestellten Stuhls gebunden) und der Saft fließt von allein heraus. Natürlich kann man das auch mit vorher gekochten Früchten tun. In jedem Fall ist die Berührung mit dem Luftsauerstoff groß, da der Vorgang ziemlich lange dauert. Das bedeutet Vitaminverluste und Eindringen von Keimen mit baldigem Beginn einer Gärung (wenn keine schnelle Weiterverarbeitung erfolgt).

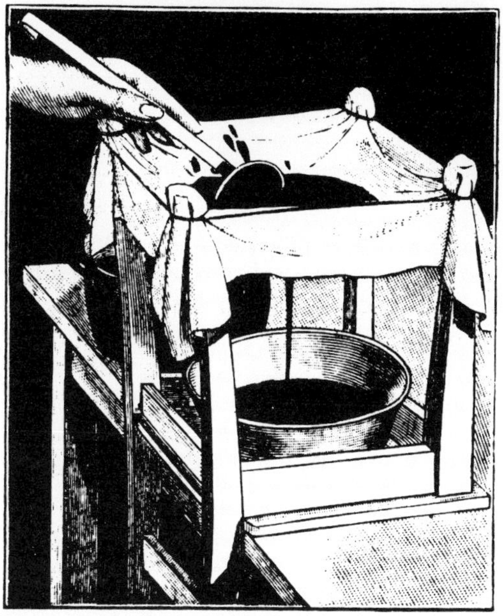

Dampfentsafter: Diese hinlänglich bekannten Geräte sind in vielen Haushalten vorhanden. Bestimmt in jenen, wo auch ein Garten zur Verfügung steht. Bequem und ergiebig kann man damit entsaften, und noch dazu sind die Säfte gleich steril. Ein kleiner Nachteil nur, der Saft ist durch die Dampfeinwirkung ein wenig verdünnt und bei manchen Früchten erleidet das Aroma durch die Hitze eine gewisse Einbuße.

Wenn man die Säfte nicht sofort zu Likör verarbeiten kann, und das wird ja meist bei großem Saftanfall im Herbst der Fall sein, muß man sie zunächst haltbar machen. Von den sieben bekannten Methoden kommen drei für uns in Frage. (Entkeimung durch Filtration, Lagerung unter Kohlensäuredruck, Eindickung und chemische Konservierung wollen wir hier nicht besprechen, sie sind der Industrie vorbehalten.)

Pasteurisation: Auf die Dampfentsaftung sind wir schon kurz zuvor eingegangen. Der aus dem Entsafter fließende Saft ist durch die Erhitzung mit Dampf praktisch keimfrei, kann sofort in saubere Flaschen fließen, verschlossen werden und hält sich dann. Haben wir Saft kalt gewonnen, muß dieser ca. 40 Minuten auf 75° C erhitzt und dann unter sterilen Bedingungen (wie beim Einkochen von Obst und Gemüse* abgefüllt werden. Natürlich müssen auch die Flaschenverschlüsse sauber und absolut dicht sein.

Einfrieren: Zweifelsohne eine sehr bequeme und noch dazu schonende Methode. Die grob gefilterten Säfte werden einfach in Plastikbehälter oder -beutel gefüllt und in den Tiefkühlschrank gelegt. Monatelang bleibt das Aroma fast ohne Einbuße erhalten. Ja, man kann sogar die Obstpulpen gut einfrieren, wenn man zur Erntezeit gar keine Zeit hat. Fallen größere Mengen an, sollte man den Tiefkühlschrank schon einige Zeit vorher auf die höchste Stufe stellen, damit es innen nicht zu warm wird und die anderen Lebensmittel leiden könnten. Daß man die einzelnen Säfte gut beschriftet, weiß jeder Besitzer eines solchen Gerätes. Denn später kann man sie kaum unterscheiden.

»Aufspritung«: Ebenfalls eine recht bequeme Methode, den frischen Fruchtsaft über die Runden zu bringen. Man muß allerdings eine ganze Menge Alkohol zufügen, denn das mikrobakterielle und Hefe-Wachstum (sprich: die Gärung) wird erst erschwert bzw. unterbunden, wenn der Saft mindestens 15% Alkohol aufweist. Pro Liter Saft muß man also 0,185 l 96%igen Alkohol hinzufügen (s. auch Alkoholberechnung), und natürlich muß man diesen Alkohol später entsprechend berücksichtigen.

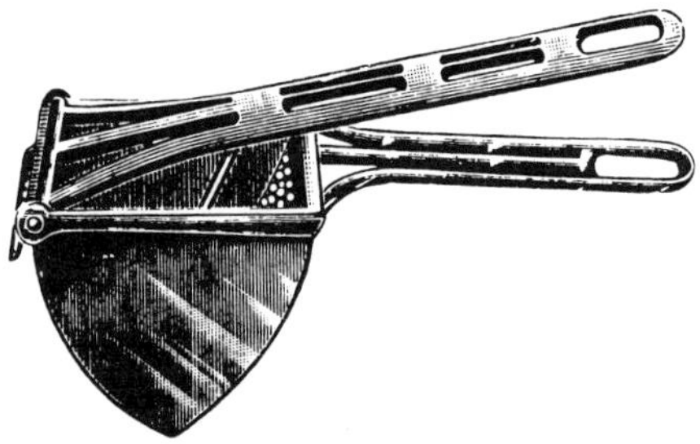

Der Alkoholzusatz hat übrigens zur Folge, daß sich der Saft später besser klären läßt, da die schleimigen Bestandteile und *Pektinstoffe* eher ausfällen. Dies geschieht aber bei noch höherem Alkoholgehalt immer besser. Wenn man also den ganzen, später im Likör erwünschten Alkohol gleich zufügt, hat man es mit der Klärung um so leichter.
Hier muß man aber sogleich auch anmerken, daß, je nachdem, wie der Saft gewonnen wurde, unterschiedlich viel *Pektin* enthalten sein kann. Bei einer Spritung des Saftes kann es deshalb schon einmal zu einer *Geleebildung* kommen (z. B. besonders bei dem Saft der Schwarzen Johannisbeere). Deshalb beschreiben wir nun eine Methode, die im Grunde die besten Ergebnisse bringt, nämlich die Behandlung mit Enzympräparaten.

Zur besseren »Klärung«: In der Likörindustrie und bei den Fruchtsaftherstellern ist es üblich, die Fruchtsäfte und Fruchtmai-

* Genaue Angaben finden Sie im »Kiehnle Grundkochbuch«, Walter Hädecke Verlag, Weil der Stadt

schen mit *Enzympräparaten* zu behandeln. Was bewirkt, daß das sogenannte Pektin abgebaut wird. Es ist Ursache einer schleimigen Beschaffenheit der gepreßten Früchte und verhindert klare Fruchtauszüge. Auch wir können diese Präparate verwenden, ja wir sollten es sogar, denn die Ausbeute der Früchte wird erheblich dadurch gesteigert und die Farben bleiben schön frisch.

Die bekanntesten Enzympräparate sind *Pektinex, Pektinol* (»D plus« für Kernobstsäfte, »fest« oder »flüssig« für Stein- und Beerenobstmaischen, »C« für Zitrusfrüchte), *Panzym, Filtragol;* man bekommt sie in Apotheken oder Drogerien (eventl. auf Bestellung), auch haben wir im Anhang eine Bezugsquelle genannt. Für den weitergehend Interessierten hier noch eine Auskunft, was es mit dem Pektin auf sich hat: »Es ist eine stark wasserbindende Substanz und kommt in Früchten in unterschiedlich hoher Konzentration vor. Pektin ist hochmolekular und dient der Pflanze als Kittsubstanz zwischen den Zellen. Es ist die Hauptursache der hohen Viskosität der Säfte und Maischen« (aus einer techn. Information von Röhm). Besonders wichtig ist diese Behandlung bei Erdbeeren, denn sie ergeben (außer im Dampfentsafter) fast nur eine Art Schleim. Ein paar Gramm Enzympräparat – vorher aufgelöst – untergerührt, und schon nach einem halben Tag kann man den herrlichsten Saft abfiltern. Genaue Anweisungen finden Sie auf den Packungen.

Gärung von Früchten: In älteren Likörbüchern wird man immer wieder den Hinweis finden, daß auch das Gären bzw. Angären der Fruchtpulpen von Vorteil sei. Hierbei werden die Pektine (s. vorigen Abschnitt) ähnlich abgebaut, wie durch ein Enzympräparat. Doch es gibt nur wenige Früchte, die diese Prozedur ohne Beeinflussung der feinen Aromen überstehen. Durch den dabei ablaufenden Oxydationsprozeß werden diese Aromen meist negativ verändert. Wer den oft auch entstehenden weinigen Charakter solchermaßen vergorener Früchte mag oder wer auf Enzympräparate verzichten will oder vielleicht keine rechtzeitig beschaffen konnte, sollte folgendermaßen vorgehen: Die im Mixgerät zerkleinerten Früchte werden in weithalsige Flaschen gefüllt, die mit einem Gärrohr verschlossen sind (in dem sich Wasser befindet). Die bei der Gärung entstehende Kohlensäure kann so zwar entweichen, jedoch kommt keine Luft an das Gärgut und somit auch keine, den *Essigstich* auslösenden Bakterien. Hin und wieder sollte man den Ansatz schütteln. Schon nach etwa einer Woche ist die Gärung beendet (bei wärmeren Temperaturen geht es möglicherweise schneller und bei kälteren dauert es länger). Manchmal läßt man die Früchte auch nur angären. Jetzt gießt man alles in ein Leinentuch, das mit seinen vier Ecken an die Beine eines umgekehrt auf den Tisch gestellten Stuhles befestigt ist. Der Saft läuft nun weitgehend von allein ab.

Gewürze und Drogen

Gewürze zu beschaffen, ist meist ohne große Probleme möglich. In jeder Stadt gibt es mindestens einen Gewürzladen, der auch die selteneren Arten anbietet. Hoffen wir nur, daß sie auch einigermaßen frisch sind, denn die *ätherischen Öle,* auf die es uns besonders ankommt, sind flüchtiger Natur und eben irgendwann »geflohen«. Schnuppern Sie also an allen Gewürzen, bevor Sie sie kaufen, und achten Sie auch darauf, daß sie nicht muffig riechen (was bei Pfeffer oft vorkommt) oder Wurm- und Käferbefall aufweisen. In jedem Fall sollten Sie keine gemahlenen Gewürze kaufen. Für die Likörbereitung werden sie nicht pulverförmig sondern geschrotet benötigt. Das aber machen wir kurz vor dem Gebrauch selbst mit Mörser und Stößel. Empfehlenswert ist es auch, Gewürze im Haushalt nicht in Tüten zu lagern. Sie sollten unbedingt in Gläsern oder notfalls in geruchsfreien Kunststoffbehältern, aromadicht verschlossen, aufbewahrt werden. Nur allzu leicht würden sie sonst Fremdgerüche annehmen.
Während also die Gewürze für uns noch überschaubar sind und wir sie hinsichtlich ihrer einwandfreien Beschaffenheit auch gut beurteilen können, ist es bei den Drogen schon schwieriger. Es ist nicht so einfach, sich alles zu beschaffen. Nicht mehr jede Apotheke hat alle Drogen vorrätig, denn heute dominieren die fertigen Medikamente und die früher verbreitete Kunst des Apothekers ist in den Hintergrund gedrängt worden. Trotzdem, mit einigem Glück finden Sie noch so eine Apotheke, die auch ausgefallene Drogen auf Lager hat. Doch auch hier gilt das bei den Gewürzen bereits Gesagte. Der aromatische Wert aller Drogen sinkt von Jahr zu Jahr, oft rapide, ab. So haben beispielsweise nach einem Jahr Lagerzeit Salbei 18%, Zitronenmelisse 56% und Pfefferminze 36% ihres Aromas verloren. Was hilft also die beste Apotheke, wenn Sie nur »Oldtimer« dort bekommen. Vielleicht fährt man besser, wenn man seinen Bedarf im Versandhandel deckt. Oft kann man in den Zeitungen Kleinanzeigen einschlägiger Unternehmen finden (siehe auch Bezugsquellen im Anhang des Buches).
Die Domäne all der vielen Drogen und Kräuter ist, abgesehen von wenigen Ausnahmen – wie dem Pfefferminzlikör –, der bittere oder halbbittere Likör in all seinen Varianten. Wir haben ein paar alte und neue Rezepturen aufgeführt. Hier liegt aber auch ein großes Betätigungsfeld für eigene »geheime« Rezepte. Vielleicht gelingt es Ihnen, einen besonders wirksamen, aber dabei nicht schrecklich schmeckenden Bitterlikör zu entwickeln.
Die Fülle der Drogen, die für die Likörherstellung geeignet ist, ist ziemlich groß. In einem modernen Fachbuch für die Industrie findet man etwa hundert Namen und Beschreibungen. Wir können hier nicht alle aufzählen, wollen aber ein paar nennen, die besonders wichtig sind:
Wurzeldrogen: Alant, Angelika, Arnika, Baldrianwurzel, Curcuma, Enzianwurzel, Galgantwurzel, Ingwer, Kalmus, Liebstök-

Ein paar Instrumente und spezielle Gefäße sollte man sich zur Likörbereitung anschaffen. Ob allerdings ein Alkoholmesser (vorn im Meßzylinder), eine sehr genaue Waage und ein Gäraufsatz (rechts im Bild) erforderlich sind, muß jeder von Fall zu Fall entscheiden. Natürlich kann man auch ohne solche Geräte ansprechende Liköre zaubern. ▷

Alkohol
200
150

kelwurzel, Rharbarberwurzel, Sellerie, Süßholz, Zitwer.
Kräuter: Beifuß, Basilikum, Ivakraut, Majoran, Zitronenmelisse, Minze (Pfefferminze und Krauseminze), Rosmarin, Salbei, Thymian, Waldmeister, Ysop.
Blüten: Arnika, Flieder (Holunder), Hopfen, Kamille, Lavendel, Nelken, Orangenblüten, Safran.
Samen und Früchte: Angelika, Anis, Bittermandeln, Fenchel, Johannisbrot, Kardamom, Koriander, Kubeben, Kümmel, Muskat, Pfeffer, Piment, Zimt, Selleriesamen, Vanille, Wacholderbeere.
Rinden und Hölzer: Angosturarinde, Chinarinde, Guajakholz, Sandelholz.
Harze usw.: Aloe, Ambra, Manna, Myrrhe, Tamarindenmus.
Für all diese Zutaten ist in den einschlägigen Fachbüchern genau angegeben, mit welcher Methode des Ausziehens man die besten Ergebnisse erzielt. Meist ist es die *Mazeration* (Seite 34), die wir ja auch zu Hause leicht durchführen können, hin und wieder aber auch die *Destillation* (Seite 36).

Andere Zutaten

Außer den Fruchtsäften und den vielen Drogen und Gewürzen gibt es noch ein paar weitere Zutaten, mit denen wir gute Liköre bereiten können. Sie sind fast alle ständig im Haushalt vorhanden, und die Beschaffung bereitet keinerlei Schwierigkeiten. Da sind zunächst einmal die sogenannten *Emulsionsliköre,* die aus Milch, Sahne, Eiern, oft zusammen mit Schokolade oder Kaffee, gemischt werden. Man muß sie besonders sorgfältig zubereiten, da sie auf Grund ihrer Zutaten und des niedrigen Alkoholgehaltes ziemlich empfindlich sind und leicht verderben können. Daß man Likör auch aus Milch zaubern kann, mag eigenartig erscheinen, und doch sind solche Liköre schon seit langem bekannt. In den letzten Jahrzehnten gerieten sie allerdings ein wenig in Vergessenheit und wurden gerade erst von einigen Herstellern wieder zu neuem Leben erweckt. Da man diesen Likör im Haushalt nicht ausreichend haltbar herstellen kann, haben wir auf die Angabe von Rezepten verzichtet.
Erwähnen wir auch die »anregenden« Liköre mit Kaffee, Tee und Kakao. Sogar *Kola-Likör* gibt es – zumindest in der Literatur. Da die *Kolanuß* jedoch kein herausragendes eigenständiges Aroma hat, findet man kaum einen ansprechenden Likör mit Kola-Auszug als Hauptbestandteil.
Dann gibt es noch *Honiglikör,* der besonders durch die Bezeichnung »Bärenfang« bekannt ist.
Der Vollständigkeit halber wollen wir auch noch den *Nußlikör* erwähnen, der in der jüngsten Zeit durch italienische Produkte zu hohem Ruhm gelangte. Gern verwendet man für diesen aromatischen Likör Haselnüsse wie auch unreife Walnüsse, bei denen das Aroma ausgeprägter ist als bei den reifen Nüssen. Wenn Sie solche Nüsse im Garten haben – sie sind ja nicht im Handel –, dann sollten Sie unbedingt unser Rezept auf Seite 122 ausprobieren.

»*Fabrikationsgeheimnisse*«

Natürlich kann man seine Liköre unter einfachsten Umständen und mit simplen Küchengeräten zusammenmixen. Doch wer dieses schöne Hobby ein wenig ausbauen will, der sollte sich schon ein paar Fertigkeiten aneignen und einige Laborgeräte kaufen. Es ist eine einmalige Anschaffung, die aber lohnt und allem einen professionelleren Anstrich gibt. Trotzdem muß man sich aber klar darüber sein, daß man kaum ganz perfekte Liköre im Haushalt erzeugen kann. Die Industrie verfügt eben doch über sehr komplizierte, teure Maschinen, Apparaturen, Meß- und Analysegeräte, über jahrzehntelange Erfahrungen, über geheimnisvolle Rezepturen, die meist nur der Firmeninhaber kennt und im Tresor aufbewahrt, und auch über Rohstoffe, die uns kaum zugänglich oder in kleinen Mengen nicht handelsüblich sind. Das soll uns aber nicht entmutigen. Unsere Liköre werden keine Preise auf Ausstellungen erringen, sicher aber ist, daß sie originell sind und gut und unvergleichlich schmecken – uns und unseren Freunden. Ist das nicht das Wichtigste? Wir werden sie auch nicht nebeneinander mit berühmten Marken trinken, die Konsistenz oder die Farbe vergleichen. Wenn sich einmal in unseren Flaschen einige Flocken bilden oder die Farbe undefinierbar ist, so geht die Welt davon nicht unter. Hauptsache, wir haben Spaß.

Ein anderer wichtiger Faktor ist die Zeit. Bei vielen Likören muß man sich Zeit lassen oder besser ihnen. Sie brauchen oft Wochen, ja Monate, ehe sie »reif« sind und ihr volles, rundes Aroma entwickelt haben. Da heißt es geduldig sein und sich hin und wieder auf eine kleine Probe beschränken.

Arbeitsgeräte

Für die verschiedenen Arbeitsvorgänge beim Zusammenstellen der Liköre benötigt man ein paar Geräte. Natürlich kann man sich hier allmählich ein ganzes Alchimistenlabor zusammenkaufen, doch für den Anfang reichen ganz wenige Gerätschaften vollkommen aus.

Wiegen, ein Problem?

Das Abwiegen größerer und auch kleinerer Mengen von Zutaten wie Zucker oder Früchten beispielsweise, dürfte in keinem Haushalt auf Schwierigkeiten stoßen. Eine Haushaltswaage ist überall vorhanden. Meist ist sie auf 10 Gramm genau und damit für viele Zwecke ausreichend. Kleinere Mengen kann man annähernd genau auch gut mit einer Briefwaage abwiegen. Schwieriger wird es schon beim Abwiegen minimaler Mengen, etwa 1 Gramm oder 1/3 Gramm, wie sie bei Kräuterlikören mit vielen Zutaten vielfach nur benötigt werden. Da man sie aber meist ohnehin nicht in größeren Mengen vorrätig hat, von denen es gilt, eine solche Teilmenge abzuwiegen, muß man hier seinen Lieferanten bemühen. Man muß sich am besten einen Apotheker alter Schule suchen, der so etwas gerne macht und nicht nur Medikamente über die Ladentheke reicht (s. Anhang).
Wer Spaß am genauen Wiegen hat und vielleicht auch für andere Zwecke eine Waage haben möchte, die bis zu 1/100 Gramm präzise wiegt, für den haben wir einen Hersteller ausfindig gemacht, der solche Spezialwaagen zu einem vernünftigen Preis anbietet (s. Anhang).

Messen, kein Problem!

Viel einfacher ist es, Flüssigkeiten abzumessen. Die dazu erforderlichen Geräte sind in jedem Geschäft für Laborbedarf oder in Fotogeschäften zu bekommen (s. Branchen-Telefonbuch). Für die größeren Mengen besorgt man sich *Meßbecher* aus Glas oder Kunststoff (PVC) mit Stricheinteilung und Ausgießtülle. Im Grunde würde einer für 0,5 oder 1 Liter vollauf genügen, da man ja im Bedarfsfall mehrfach abmessen und die Flüssigkeit in ein größeres Behältnis gießen kann. Bequemer ist die »Arbeit« aber, wenn man auch noch über einen weiteren mit 2 Liter Inhalt verfügt. Man sieht dann jederzeit den genauen Stand der bereits gemischten Zutaten. Übrigens gehen hier auch gut die Haushaltsmeßbecher, die man in jedem Kaufhaus oder Küchenbedarfsgeschäft für wenig Geld bekommt. Für kleinere Mengen, bis zu einem Zehntelliter, verwendet man besser ein sogenanntes *Meßglas*. Das ist ein schlankes zylindrisches Glas mit Milliliter-Einteilung und auch wieder einer Ausgießtülle. Diese Meßgläser gibt es auch mit einem dicht abschließenden Glasstöpsel, so daß man darin durch starkes Schütteln die flüssigen Zutaten auch gleich mischen kann.

Wer es ganz genau nimmt, kann sich noch eine *Meßpipette* zulegen. Sie ist speziell zum Abmessen wertvoller Öle und Essenzen geeignet, die nur tropfenweise verwendet werden. Mit einer Pipette für 1 und 5 Milliliter wird man sicher auskommen. Verwendet werden die Pipetten, indem man die Flüssigkeit aus dem Vorratsbehälter ansaugt und dann sofort oben mit einem Finger verschließt. Die Flüssigkeit verbleibt so in der Pipette und läuft erst unten heraus, wenn man den Finger ein wenig lüftet. Ganz genau kann man so dosieren.

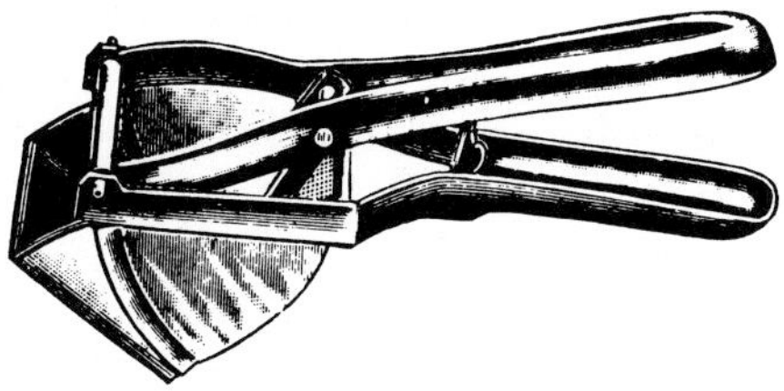

Sonstige Geräte

Eine Reihe von Geräten wird man ohnehin im Haushalt zur Verfügung haben. *Saftpresse, Dampfentsafter, Zitruspresse, Spätzlepresse* (zum Ausdrücken von eingeweichten Kräutern und Gewürzen), *Mörser mit Stößel* (zum Zerkleinern von Gewürzen und Rinden) gehören dazu. Dann braucht man noch ein paar verschieden große *Trichter,* notfalls gehen auch *Kaffeefilter, Filterpapiere oder -tüten* unterschiedlicher Durchlässigkeit, große und kleine *weithalsige Glasgefäße,* die aber absolut dicht verschlossen werden können und auch fest zu sein müssen, damit beim Schütteln nichts herausläuft und kein Alkohol verdunsten kann. *Einweckgläser,* Gummiring und Verschlußklammer oder große Gurkengläser mit Schraubverschluß (natürlich bestens gereinigt und geruchsfrei gemacht) sind ideal hierzu. Selbstverständlich braucht man jede Menge sauberer *Flaschen* und *Korken.* Beides sollte man fleißig sammeln, damit im Bedarfsfall genügend vorhanden sind. Auch kleine Flaschen (z. B. von 0,2 l Sodawasser-Flaschen o. ä.) sind wertvoll, weil man darin gut Gewürzauszüge u. ä. ansetzen kann.

Messer, Holzbrett zum Schneiden, *Plastikschüsseln, Löffel* zum Umrühren, verschiedene *grobe und feine Siebe,* all diese Geräte sollte man sich nach und nach für die Likörherstellung speziell anschaffen, damit sie nicht im normalen Küchenalltag untergehen (und auch keine fremden Gerüche annehmen können).

Gut ist auch eine Art *Tagebuch,* in dem man seine eigenen Versuche und Rezepturen notiert und Erfahrungen aufschreibt. Allerdings sollte man auf den verschiedenen Flaschen mit Auszügen und Ansätzen noch *Anhänger* anbringen (besser keine Etiketten, die man immer wieder mühselig von diesen Arbeitsflaschen abweichen müßte).

Das Aroma zu gewinnen

In vielen Fällen muß man zunächst einmal die Aromen, Farbstoffe, die anregenden Wirkstoffe und auch die Bukettstoffe aus Pflanzen, Drogen, Rinden, Früchten usw. herausziehen, um erst dann mit diesen Auszügen den Likör herstellen zu können. Von den klassischen Methoden werden wir allerdings nicht alle im Haushalt anwenden können. Das spielt aber keine so große Rolle. Wir beschränken uns eben auf die leicht durchzuführenden und werden auch ganz ansehnliche Ergebnisse erzielen.

Die Mazeration

Man sagt auch *Kaltextraktion* dazu, und das ist schon viel verständlicher. Mit reinem Alkohol oder mit einer von Fall zu Fall unterschiedlich hochprozentigen Alkohol-Wassermischung werden hierbei alle Aromen ausgezogen. Die Kunst besteht darin, möglichst nur jene Stoffe zu gewinnen, die für den zukünftigen Likör vorteilhaft sind. Manchmal sind auch unerwünschte Bestandteile enthalten, die teils bei zu hohem Alkoholgehalt herausgelöst werden, teils aber vom Wasser, weil sie eben nur wasserlöslich sind. In den Fachbüchern findet man ganze Kapitel, die sich diesem schwierigen Vorgang widmen. Für uns genügt es, grundsätzlich zu wissen, daß Rohstoffe, die von Hause aus schon Feuchtigkeit in sich haben (wie Zitrusfruchtschalen, Kerne oder gartenfrische Kräuter) mit 80–96%igem Alkohol angesetzt werden, während Trokkensubstanzen (Gewürze, trockene Drogen u. ä.) mit 40–60%igem Alkohol ausgelaugt werden.

Am einfachsten ist es, die auszuziehenden Zutaten mit der Alkoholmischung in eine weithalsige, dicht zu verschließende Flasche zu geben und häufig zu schütteln. Anschließend wird der Auszug gefiltert, und die festen Substanzen werden in einer Handpresse (Spätzlepresse z. B.) kräftig ausgepreßt, nachdem sie vorher in Leinen eingepackt wurden.

In einem alten Buch über Likörherstellung haben wir noch eine andere Art gefunden, bei der man nicht schütteln muß. Die Drogen werden einfach in einen Leinen- oder Mullbeutel eingepackt und so im Glas befestigt, daß sie im oberen Teil hängen. Dann wird die Alkoholmischung dazugegeben, so daß der Beutel darin schwimmt. Da die Auszüge ein höheres spezifisches Gewicht haben, sinken sie nach unten, während an den Beutel immer wieder frischer Alkohol von alleine heranfließt. Natürlich muß auch hier das Glas absolut dicht abgeschlossen sein. Alle verwendeten festen Stoffe sollten möglichst klein gemahlen, geschrotet oder gemörsert, aber nicht pulverisiert sein, damit der Alkohol schneller in die Zellen eindringen kann.

Jetzt ergibt sich noch die wichtige Frage, wie lange dieser Vorgang dauern soll. Vereinfacht kann man sagen, je frischer und feuchter die Zutaten sind (Zitrusfruchtschalen, frische Kräuter u. ä.), um so schneller geht es. Meist reichen schon ein paar Stunden oder, wie bei Waldmeister und Pfefferminze, 10 Minuten. Bei vielen Zutaten gehen sonst ziemlich bald rauhe und bittere, also weniger angenehme Geschmacksstoffe in den Alkohol über. Trokkene Gewürze und Drogen dagegen soll man etwa 14 Tage im Alkoholgemisch belassen.

Die Flüssigkeitsmenge soll übrigens etwa 5–10mal so groß sein wie die Menge der auszuziehenden Substanzen.

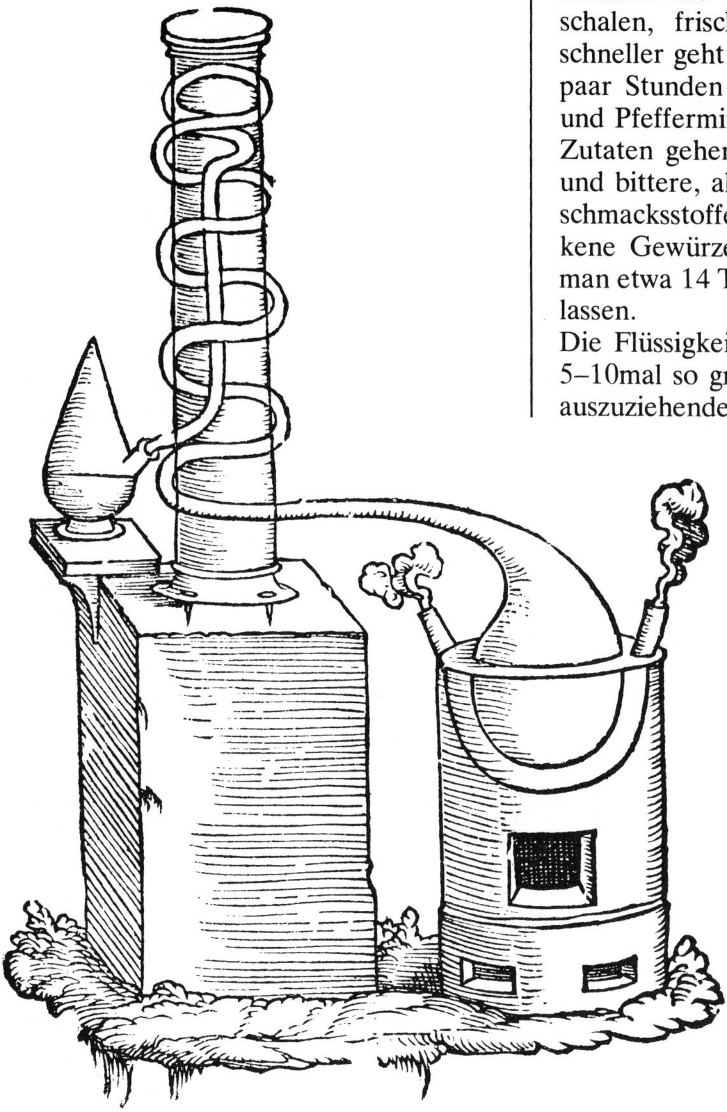

Die Digestion

Der Vollständigkeit halber wollen wir diese Abart der Mazeration erwähnen, die man nur mit einiger Mühe im Haushalt durchführen kann. Die Digestion ist eine Extraktion bei warmen Temperaturen. Dadurch geht der Auszug der Aromen aber nicht nur schneller, sondern es werden auch gewisse Geschmacksstoffe gewonnen, die man sonst nicht erhält.

Hierbei werden die zerkleinerten, auszuziehenden Drogen mit dem Alkoholgemisch in ein luftdicht verschlossenes Gefäß gegeben (z. B. Einweckglas mit Klammer) und mehrere Stunden bis zu einem Tag bei 50–60° C in einem Wasserbad warm gehalten. Dann abfiltern und die Rückstände auspressen wie bei der Mazeration.

Die *Perkolation* ist die dritte Methode der Mazeration. Hierzu jedoch ist ein spezieller Apparat erforderlich, den es nur für größere Drogenmengen gibt. Die Drogen werden dabei gewissermaßen im Durchlaufverfahren ausgelaugt.

Die Destillation

Das in der Spirituosenindustrie unerläßliche Verfahren, den Alkohol, die Bukettstoffe und andere flüchtige Substanzen in möglichst reiner Form von den vergorenen Maischen oder anderen alkoholhaltigen Grundstoffen wie Wein »abzutrennen«, ist die seit vielen Jahrhunderten bekannte und fast unverändert praktizierte Destillation. Wir haben beim Thema Alkohol mit erhobenem Zeigefinger erwähnt, daß man keinesfalls im Haushalt ohne Brennerlaubnis Alkohol herstellen darf. Und eine solche Genehmigung wird man auch kaum erhalten. Doch selbstverständlich darf man bereits versteuerten Alkohol erneut destillieren, wenn man unter der gesetzlich vorgeschriebenen Destillierapparatgröße bleibt. Das hat einen besonderen Sinn, wenn man z. B. *ätherische Öle* und andere wertvolle *Aromen*, die man mit Alkohol aus Drogen oder Früchten herausgezogen hat, möglichst rein und ohne Nebenstoffe gewinnen will. Den dazu verwendeten Alkohol bekommt man gewissermaßen gleich wieder gratis zurück, während Trübstoffe und unerwünschte Geschmacksstoffe im Ansatz bleiben.

Doch die Destillation ist eine Kunst, die mit einer langen Lehrzeit zu erlernen ist, eine feine Zunge erfordert und auch nur mit einem Destillationsapparat durchgeführt werden kann. Trotzdem ist es möglich, zu Hause zu destillieren, und wir wollen – ohne das Thema in diesem Rahmen erschöpfend behandeln zu können – wenigstens die wichtigsten Voraussetzungen aufzeigen:

Das Destilliergerät: Destilliergeräte gibt es in allen Größen käuflich zu erwerben. Selbst in der Industrie sind welche im Betrieb, mit denen man kleinste Mengen destillieren kann. Sie werden für Versuchsdestillation oder zur Alkoholbestimmung verwendet (s. Anhang).

Mit einigem Bastlergeschick kann man sich ein solches Gerät auch selbst zusammenbauen. Im Grunde braucht man nur einen Glaskolben, der über einer regulierbaren Flamme (z. B. von einem Bunsenbrenner) steht und dessen nach oben gehende Öffnung durch ein geknicktes Rohr dicht mit einem spiralförmig gewundenen Rohr verbunden sein muß. Das Spiralrohr muß weiterhin gerade oder schräg nach unten zeigen und von kaltem Wasser umspülbar sein (im

Laborbedarfshandel erhält man solche Kühlschlangen fertig, eingeschmolzen in einer größeren Glasröhre mit Wasserein- und -ausgang). Unsere nebenstehende Zeichnung gibt einen Überblick über diese einfache Destillieranordnung.

Was wird destilliert?

Es eignen sich bestimmte Drogen- und Fruchtauszüge (mit Alkohol/Wassergemisch oder auch in reinem Alkohol angesetzt), die nach der Mazeration möglicherweise unerwünschte Stoffe enthalten, vor allem starke Bitterstoffe. Nur durch die Destillation kann man die edleren Aromen separat erhalten, und die unangenehm schmeckenden oder riechenden Substanzen gelangen nicht in den Likör. Vielfach sind diese Stoffe allerdings nur in geringen Mengen vorhanden, so daß sie durch den Zucker und andere Elemente im fertigen Likör »zugedeckt« werden. Man sollte sich also nicht allzuviel Sorgen machen, wenn man nicht destillieren kann, denn meist wird nur der Experte mit geschulter Zunge solche »Unebenheiten« herausschmecken. Ganz allgemein gesagt: der Ansatz hat zumeist eine Alkoholstärke zwischen 40 und 60 Vol.% (speziell bei Kräutern), und nur in Ausnahmefällen wird reiner Alkohol verwendet (z. B. bei Harzen).

Wie wird destilliert?

Der Auszug wird so erhitzt, daß Dampf aufsteigt. Es soll dabei nicht stark kochen, sondern eben sieden. Da Alkohol mit den ätherischen Ölen und anderen Geschmacksstoffen eine Lösung bildet, ist

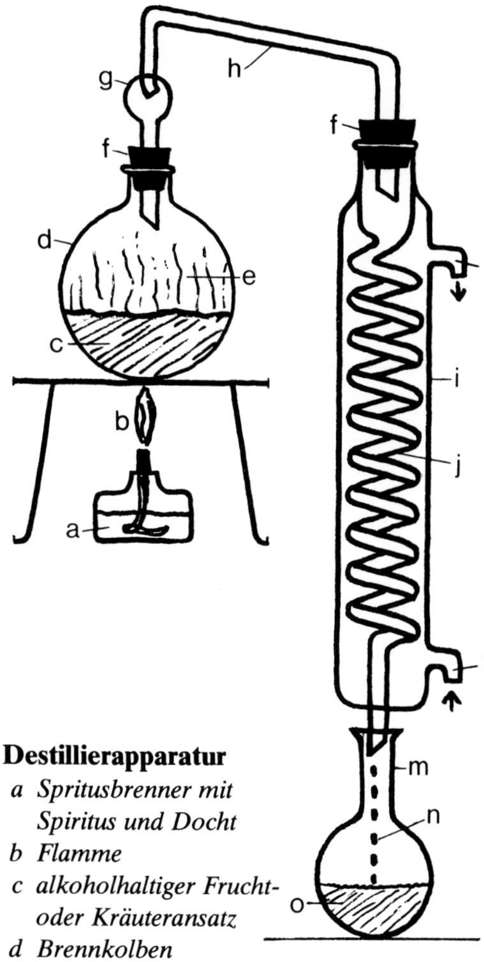

Destillierapparatur

a *Spritusbrenner mit Spiritus und Docht*
b *Flamme*
c *alkoholhaltiger Frucht- oder Kräuteransatz*
d *Brennkolben*
e *aufsteigende alkoholhaltige Dämpfe*
f *Gummipfropfen*
g *Destillationsaufsatz*
h *Destillationsbügel*
i *Schlangenkühler*
j *Kühlschlange*
k *Wasserablauf (mit Schlauch)*
l *Wasserzulauf (mit Schlauch)*
m *Auffangkolben*
n *heraustropfender hochprozentiger Alkohol*
o *aufgefangener Alkohol*

auch ihr Siedepunkt gleich dem des Alkohols – also wesentlich niedriger als Wasser. Da der Alkohol also zuerst aufsteigt, können wir mit ihm die wertvollen Stoffe bekommen, auf die es uns ankommt. Extraktstoffe, feste Bestandteile, aber auch Farbstoffe bleiben zurück. Aus dem Kühlrohr tröpfelt schon bald das erste Alkohol/Wassergemisch. Es ist allerdings abhängig vom Alkoholgehalt des Ansatzes, wieviel Alkohol in diesem Destillat enthalten ist; wie die folgende Tabelle zeigt, ist auch der Siedepunkt unterschiedlich. Mit fortschreitender Destillation erhöht sich also die Temperatur des Ansatzes:

Dies sind nur »Werte des Augenblicks« (ermittelt von Kirschbaum), denn da der Alkoholgehalt im Ansatz durch die zuerst

Alkohol im Ansatz	Siedepunkt	Alkohol im Destillat
10 Vol.%	93° C	56 Vol.%
30 Vol.%	86° C	75 Vol.%
50 Vol.%	83° C	81 Vol.%
70 Vol.%	81° C	86 Vol.%
90 Vol.%	79° C	93 Vol.%

aufsteigenden Alkoholdämpfe ständig abnimmt, wird auch das Destillat immer schwächer (bis schließlich nur noch Wasser herauslaufen würde). Im richtigen Moment muß man deshalb mit der Destillation aufhören. Der Fachmann spricht hier vom *Nachlauf,* der keinesfalls in das Destillat kommen darf, da er unerwünschte Geschmacksstoffe enthält.

Es empfiehlt sich, hin und wieder eine Probe zu nehmen, und wenn man nicht ganz sicher ist, füllt man eine kleine Flasche nach der anderen und sondert später die ungeeigneten letzten davon aus. (Im Großen wird das auch so gemacht, indem immer, wenn der Alkoholgrad um 5% abgesunken ist, ein neues Gefäß untergestellt wird. Man nennt diese *Fraktionen* und entscheidet später, welche davon zum sogenannten *Mittellauf* oder *Herzstück* vermischt werden können.)

Wenn Sie nun wissen möchten, wie hochprozentig das Destillat ist, das da aus der Brennblase tröpfelt, so gibt es ohne komplizierte Methoden (die natürlich ganz genau sind) nur die *Alkoholspindel (Aräometer).* Man taucht sie in die Flüssigkeit und kann an einer Skala ablesen, wieviel Prozent enthalten sind. Das geht aber eben nur bei Destillaten, in denen noch keine sonstigen Stoffe enthalten sind.

Aräometer gibt es mit verschiedenen Gradeinteilungen (Alkoholbereichen), und sie haben eigentlich nur einen Sinn, wenn man auch genügend viel Destillat zur Verfügung hat, um den Meßvorgang durchführen zu können. Die Spindel muß nämlich im Zylinderglas frei in der Flüssigkeit schweben. Wer übrigens nicht zufrieden ist mit dem ersten Destillat, der kann es ohne weiteres noch ein zweites oder drittes Mal destillieren. Immer wird ein höherprozentiges Ergebnis dabei herauskommen.

Mehr über die Destillation hier zu sagen, würde die Zielsetzung dieses Buches für den häuslichen Gebrauch überschreiten. Ist eingehenderes Interesse vorhanden, so sei auf die mannigfache Spezialliteratur (s. Anhang) verwiesen (besonders auf das Werk »Trinkbranntweine und Liköre« von Wüstenfeld/Prof. Haeseler, das keine Frage offenläßt).

Der hohe Stand der Destillateurkunst im Mittelalter wird aus vielen zeitgenössischen Berichten und Bildern deutlich. Hier die Titelseite zum Kapitel »Destillation« aus einem sogenannten Hausvaterbuch des Jahres 1700. ▷

Zuthun im Distilliere
2
3
5
6
4

Ein wenig Arbeitstechnik

Eine sehr große Kunstfertigkeit ist zwar bei der Herstellung von Likören im Haushalt nicht erforderlich, doch es ist gut, ein paar Handgriffe und Tricks zu kennen.

Aufbewahrung

Grundsätzlich sollten alle Flüssigkeiten, die in irgendeiner Form für die Likörbereitung benötigt werden, gut verschlossen aufbewahrt werden. In dem Augenblick, wo schon Alkohol enthalten ist oder wo es sich sogar um reinen Alkohol oder hochprozentige Spirituosen handelt, ist auf den Verschluß besondere Sorgfalt zu legen. Die Flaschen oder anderen Behältnisse müssen absolut luftdicht verschlossen sein, da Alkohol sich besonders leicht und schnell verflüchtigt. Während man Flaschen leicht zukorken oder zuschrauben kann (achten Sie stets auf eine dichte Kunststoff- oder Korkeinlage im Schraubverschluß), ist es bei Behältern mit einer großen Öffnung schon ein wenig schwieriger, sie dichtzubekommen. Wenn man keinen passenden Deckel oder Schraubverschluß hat, deckt man die Gläser am besten mit einer starken Kunststoff-Folie (z. B. einem Gefrierbeutel) ab und verschnürt sie fest mit einem starken Faden.

Während der längeren Lagerzeit unserer fertigen Liköre oder wenn sie eine Reifezeit durchmachen müssen, ist es besser, sie dunkel aufzubewahren. Wer keinen dunklen Keller oder Lagerraum hat, kann sie gut in Stanniolfolie oder zwei bis drei Lagen Zeitungspapier einschlagen. Dabei sollten sie aber stehen (wie alle Spirituosen), damit der Korken nicht vom Alkohol angegriffen werden kann.

Faszinierend ist der Vorgang der Destillation, bei der durch Erhitzung einer alkoholhaltigen Flüssigkeit (z. B. eines Kräuter- oder Fruchtauszuges) der Alkohol hochkonzentriert, angereichert durch Aromen und Bukettstoffe, zurückgewonnen wird. Unerwünschte Geschmacksstoffe bleiben im Ansatz zurück. Im Bild ein einfaches aber ◁ ausreichendes Probedestilliergerät.

Filtern tut not

Nur selten werden unsere Liköre von Hause aus kristallklar sein. Etwa, wenn wir schon klare Substanzen vereinen oder wenn wir fertige Spirituosen mit Aromaauszügen und Zuckerlösung mischen. Meist aber sind Trübteilchen von den Früchten oder Gewürzen enthalten, die das »Bild« doch erheblich stören können. Bei Crèmelikören oder Emulsionslikören, aber auch bei tiefdunklen Bitter- und Gewürzlikören spielt dies keine große Rolle, man kann doch nicht »durchblicken«. Alle durchsichtigen Liköre aber sollten möglichst klar sein.

Eine Methode, Liköre klar zu bekommen, ist das *Absetzenlassen* und anschließende *Abziehen vom Bodensatz*. Nach einer mehr oder weniger langen Lagerzeit haben sich bei vielen Mixturen alle schweren Trübteilchen am Boden abgesetzt. Man kann nun vorsichtig den klaren Teil abgießen, doch nur allzubald werden auch die Flocken aufgewirbelt und der Erfolg ist nicht allzu groß. Den Rest müßte man in jedem Fall filtern. Viel gründlicher geht es mit einem etwa 70 cm langen, ca. 5 mm dicken Schlauch (am besten aus weichem Kunststoff). Man hält ihn zunächst bis etwa zur Hälfte in den klaren Teil der Spirituose, saugt an, bis der Likör am Mund ist, drückt nun den Schlauch zusammen, leitet ihn in eine tieferstehende leere Flasche und läßt dann den Likör fließen. Genau kann man jetzt beobachten, wann die Trübteilchen an der Reihe wären, den Schlauch immer tiefer stecken und den Vorgang, durch Zusammendrükken des Schlauches im richtigen Moment, unterbrechen.

Wenn diese Methode nicht ausreichend ist, filtriert man den Likör. Für nicht zu stark mit festen Substanzen durchsetzte Liköre genügt ein normaler Kaffeefilter, den man evtl. mehrmals austauschen muß, wenn er zugesetzt ist. Sonst nimmt man ein sauberes, dichtes Leinentuch, mehrere Lagen Mullstoff oder besser Papierfilter aus dem Fachgeschäft für Laborbedarf. Man bekommt sie in verschiedener Durchlässigkeit. Manchmal kann es recht lange dauern, bis ein Likör durchgelaufen ist. In solchem Fall ist ein großer Trichter zweckmäßig, damit man nicht allzu oft nachgießen muß. (Den Trichter sollte man abdecken.) Und noch ein kleiner Trick: bei dicken und klebrigen Flüssigkeiten (etwa einer Zuckerlösung o. ä.) legen sich Filterpapier oder Leintuch oft so dicht an die Trichterwand an, daß die Flüssigkeit nur ganz unten am Trichterausgang die Möglichkeit hat auszulaufen. Hier sollte man gefaltete Filtertüten verwenden oder zwischen Trichterwand und Filter ein paar kleine Hölzchen oder Stricknadeln stecken.

Manche Liköre wird man kaum glanzklar bekommen. Sie bleiben trübe oder opalisierend auf Grund von schwerlöslichen ätherischen Ölen, Harzen etc. Mit technischen Hilfsstoffen wie Kieselgur, gebrannter Magnesia, Asbestflocken oder geschlagenem Eiweiß hilft man sich in der Industrie, denn trübe Liköre wären kaum verkäuflich. Diese Stoffe binden auch die winzigsten Teilchen an sich und bei der späteren Filterung bleiben sie im Filter. Wenn Sie einen diesbezüglichen Versuch unternehmen wollen, empfiehlt es sich, pro Liter Flüssigkeit etwa einen Eßlöffel steif geschlagenes Eiweiß mit dem Schneebesen in den Likör einzuschlagen. Dann den Likör einige Tage stehenlassen und filtern.

Das Auge trinkt mit

Oft wird es vorkommen, daß der selbstbereitete Likör eine eigenwillige oder, genauer gesagt, gar keine definierbare Farbe hat. Da aber das Auge bekanntlich mittrinkt, sollten wir der Natur ein wenig nachhelfen. Künstliche Farbstoffe wollen wir aber nach Möglichkeit nur in Ausnahmefällen verwenden (z. B. beim Pfefferminzlikör), obwohl man schon mit ein bis zwei Tropfen einen Likör optisch völlig verwandeln kann. (Empfehlenswert sind McCormick-Speisefarben, die es in Gewürzläden gibt.) Auch mit den folgenden »Farben« sollte man schrittweise vorgehen, denn oft sind sie recht intensiv. Also zunächst in die durchsichtige Flasche nur ein paar Tropfen geben und dann nach und nach immer mehr, bis der gewünschte Farbton erreicht ist.

Braun: Brauntöne in jeder Intensität erzielt man am besten mit *Zuckerkulör.* Dazu wird in einem kleinen Pfännchen o. ä. Zukker mit ein wenig Wasser so lange unter Rühren erhitzt, bis er über das Stadium der Karamelisierung ganz tiefbraun geworden ist. Hierbei muß man genau aufpassen, denn nur allzu schnell verbrennt der Zukker. Wenn dies zu geschehen droht, stellt man die Pfanne sofort in ein kaltes Wasserbad. Dann gibt man Wasser in die Pfanne und löst auf dem Herd den fest gewordenen Zucker. Zu der Flüssigkeit $^1/_3$ der Menge Alkohol geben, einige Tage stehenlassen und dann filtrieren. Diese Lösung ist haltbar und kann für alle gewünschten Brauntöne verwendet werden.

Gelb: »...und Safran macht den Kuchen gelb!« Nicht nur das. Auch unseren Likören können wir mit *Safran* ein leuchtendes Gelb verleihen. Dazu löst man, ganz nach Bedarf, einige Beutelchen Safranpulver in Korn, Klarem oder einer anderen neutralen Spirituose und kann dann davon mit wenigen Tropfen große Mengen schön färben. Da Safran ja aus den Samenfäden einer Krokusart besteht (es ist übrigens das teuerste Gewürz und kostet pro Kilogramm weit über Tausend DM), kann es sein, daß in unserer Lösung einige unlösliche Partikel enthalten sind. Dann filtriert man einfach nach einigen Tagen. Die recht eigenartige Würze, die Safran sonst aufweist, kommt in der starken Verdünnung, mit der er in unseren Likören verwendet wird, nicht zur Geltung.

Rot: Mit *Fruchtsäften* können wir besonders gut den oft erwünschten blutroten Farbton erzielen. Einmal mit Sauerkirschsaft und zum anderen mit Heidelbeersaft. Ausgezeichnet färbt auch Saft von *Roten Beten* (speziell geeignet für Kräuterliköre) und von *Holunderbeeren* (den man aber vorher aufkochen sollte). Am besten ist es, wenn man jeweils bei der Saftgewinnung für alle Fälle eine Eiswürfelschale voll Saft einfriert. Die gefrorenen Würfel kann man dann in einem Beutel im Tiefkühlschrank beliebig lange aufheben und nach Bedarf auch kleine Mengen zum Färben entnehmen.
Sehr gut kann man Liköre mit *Grenadinesirup* rot färben. Diesen Sirup aus dem Saft des Granatapfels bekommt man in guten Geschäften. Man nimmt einfach anstelle eines Teils des vorgeschriebenen Zuckersirups diesen leuchtend roten Grenadinesirup und kann beliebig damit färben.

Grün: Ein schönes leuchtendes Grün ist nur mit künstlichen Farben zu erzielen. Wenn wir Kräuterliköre aus frischen Kräutern herstellen, so werden diese zwar grünlich schimmern, aber eher ist es ein aufgehelltes Olivgrün, oft mit bräunlichem Einschlag.

Fruchtliköre

Die Fruchtliköre spielen bei der häuslichen Likörbereitung eine besonders große Rolle. Fast alle heimischen Früchte und auch viele Südfrüchte sind dazu wie geschaffen, um aus ihren Säften oder den in der Schale sitzenden Aromastoffen ansprechende Liköre herzustellen.
In den gesetzlichen Bestimmungen werden zwei Arten von Fruchtlikören unterschieden. Da sind einmal die *Fruchtsaftliköre,* die, wie der Name schon sagt, aus Fruchtsäften hergestellt werden. Genau ist dabei festgelegt, wieviel Saft, wieviel Extraktstoffe (überwiegend der Zucker und ein paar »feste« Bestandteile aus dem Saft und aus den Gewürzen) und wieviel Alkohol enthalten sein müssen. Wir brauchen uns natürlich nicht an diese Bestimmungen zu halten. Der Vollständigkeit halber seien sie aber erwähnt: Ein Fruchtsaftlikör muß mindestens 20% Saft der Frucht, nach der der Likör benannt ist, enthalten; weiterhin mindestens 25 Vol.% Alkohol und mindestens 22 g Extraktstoffe je 100 ml Likör (ist dieser Extraktgehalt geringer, muß der Alkoholgehalt auf 32 Vol.% erhöht werden).
In vielen Fällen wird es sich bei den Fruchtsaftlikören einfach um eine harmonische Mischung von Fruchtsaft, Zuckersirup (der Dickflüssigkeit zuliebe eventuell mit 15% Glukosesirup gemischt) und Alkohol oder einem aus der gleichen Frucht destillierten Geist oder Wasser handeln. Ein gewisser Zusatz z. B. von Kirschwasser zum Kirschlikör oder von Himbeergeist zum Himbeerlikör wird sich in jedem Fall geschmacklich positiv auswirken.
Bei anderen Fruchtsaftlikören wird man zunächst die Früchte oder das Fruchtfleisch eine Zeitlang in Alkohol einlegen, um möglichst viele Aromastoffe zu gewinnen, ähnlich wie man es übrigens auch bei den *Fruchtaromalikören* tut. Diese Fruchtaromaliköre werden überwiegend aus den aromatischen Auszügen solcher Früchte hergestellt, die besonders viele aromatische Bestandteile in den Schalen haben, aber auch aus solchen Früchten, die zwar saftarm, dafür aber aromastark sind (Bananen, Birnen, Hagebutten u. ä.).
Auch hier noch die gesetzlichen Vorschriften: Fruchtaromaliköre müssen ihren charakteristischen Geschmack aus Früchten oder Fruchtteilen erhalten, nach denen sie benannt sind. Der Alkoholgehalt muß 30 Vol.% betragen, bei 22 g Extraktstoffen je 100 ml. (Ist dieser Extraktgehalt niedriger, muß auch hier der Alkohol auf 32 Vol.% erhöht werden.) Bei Zitruslikören ist noch die Bezeichnung »Triple« oder »Triple sec« erlaubt, wenn 35 Vol.% Alkohol im Likör enthalten sind.

Ananaslikör

30 Vol.%

Die Ananas hat den großen Vorteil, daß sie das ganze Jahr über erhältlich ist. Allerdings kann man dabei doch ganz erhebliche Preisunterschiede feststellen. So um die Weihnachtszeit sind sie meist besonders günstig zu haben. Das ist eine gute Gelegenheit, einen schönen Likör zum Fest herzustellen, zumal man Ananaslikör auch nicht sehr lange aufheben soll. Er gehört zu den wenigen Likören, die durch Lagerung nicht besser werden, sondern an wertvollem Aroma verlieren.

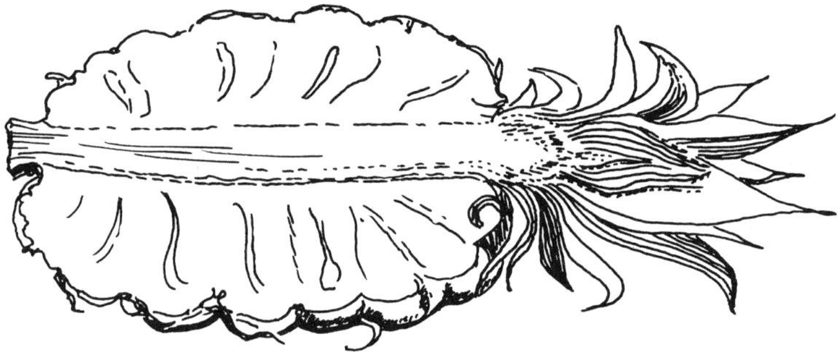

Die geschälte und in grobe Stücke geschnittene Ananas im Mixgerät fein pürieren. Die Pulpe zusammen mit dem Alkohol und der Spirituose in ein Glas geben und 3–4 Tage stehenlassen. Hin und wieder umschütteln. Dann filtrieren, den Zuckersirup dazugeben, gut durchschütteln und auf Flaschen füllen. Nach zwei Wochen abziehen.

Für 1,4 l Likör:
50 cl Ananaspulpe
30 cl Alkohol
40 cl Doppelkorn 38 Vol.%
30 cl Zuckersirup

Origineller wird dieser aromatische Likör, wenn man statt des Doppelkorns einen weißen Rum mit 40 Vol.% verwendet. Auch kann man noch 1/2 aufgeschlitzte Vanilleschote während der ersten 3–4 Tage dazugeben.
Dieser Likör eignet sich übrigens ausgezeichnet zum Aromatisieren von Obstsalat. Wenn der Likör etwas farbintensiver sein soll, wird er mit Zuckerkulör vorsichtig gefärbt.

Apfellikör

25 Vol.%

Apfellikör war viele Jahrzehnte in Vergessenheit geraten, bis er jetzt wieder einen ganz steilen Aufstieg erfuhr. Keine Spirituose hat jemals in so kurzer Zeit größere Erfolge erlebt wie der sogenannte »Apfelkorn«. Entstanden ist dieses Getränk ursprünglich im Münsterland und wurde später in Schwabing neu »entdeckt«, wo man einfach Apfelsaft mit Korn zu gleichen Teilen mischte. Es war ein wahrhaft »verführerischer« Drink. Die Mädchen tranken ihn wie Apfelsaft, da sie den Alkohol darin nicht spürten, und waren um so leichter zu verführen. Da dies Getränk fertig abgefüllt in Flaschen jedoch nicht handelsfähig war (32%iger Korn mit der gleichen Menge Apfelsaft gemischt, ergibt ja nur ein 16%iges Getränk), mußte bei den Industrieprodukten der Alkoholgehalt auf 25 Vol.% erhöht werden. Schließlich fügte man auch noch etwas Zucker hinzu und ein paar Fruchtauszüge. Heute wird dieser Likör unter verschiedenen Bezeichnungen überall verkauft.

Den Apfelsaft (ein gutes, klares Fertigprodukt oder ein aus aromatischen Äpfeln selbst gepreßter und geklärter Saft) mit dem Doppelkorn vermischen. Dann den Alkohol und den Zuckersirup dazugeben. Gut durchschütteln.

Für 0,7 l Likör:
25 cl Apfelsaft
28 cl Doppelkorn 38 Vol.%
7 cl Alkohol
10 cl Zuckersirup

Noch feiner wird dieser Likör, wenn Sie einen Teil des Apfelsaftes durch Quittensaft ersetzen und etwas Zitronensaft zugeben. Der Likör muß dann nach einigen Wochen Lagerzeit abgezogen werden.

Aprikosen-Likör

25 Vol.%

Eine der aromatischsten Früchte ist die Aprikose, und die daraus hergestellten Liköre haben einen großen Ruf. Wer kennt nicht z. B. den Apricot Brandy oder den Marillenlikör (Marille ist die in Österreich übliche Bezeichnung für Aprikose). Das Fruchtaroma ist allerdings recht empfindlich, und es ist nicht so einfach, es voll in den Likör einzubringen. Außerdem ist der Pektingehalt so groß, daß man ohne Enzympräparat kaum auskommt.

Die Aprikosen werden entkernt und im Mixer fein püriert. Dann kommt das Enzympräparat dazu (Seite 26/27) und nach etwa 12 Stunden Wirkzeit filtriert man den Saft durch ein Leintuch und preßt die Rückstände aus. Den Saft nun einfrieren oder mit Alkohol haltbar machen (Seite 26). Die Rückstände werden mit Alkohol angesetzt, dazu kommen einige zerschlagene Kerne.
Diesen Ansatz 10–14 Tage stehenlassen, dann auf einen Filter geben und den Saft auch noch durchlaufen lassen. Die Rückstände so weit wie möglich auspressen. Die sich dabei ergebende Flüssigkeit nun mit dem Zuckersirup mischen und einige Wochen stehenlassen. Dann filtrieren oder abziehen. Eventuell nach einigen Wochen noch einmal wiederholen. Möglicherweise wird der Likör nicht glanzklar, aber schmecken wird er gewiß.

Für ca. 1,4 l Likör:
72 cl Aprikosensaft
(ca. 1,7 kg Früchte)
Enzympräparat
36 cl Alkohol
32 cl Zuckersirup

Feiner wird dieser Likör, wenn man 6 cl Alkohol durch 14 cl Weinbrand ersetzt.

DAIRY
1884

Apricot Brandy

25 Vol.%

Der Gesetzgeber schreibt für diesen Likör einen Anteil von 5% Aprikosengeist vor. Tatsächlich verleiht auch der meist aus Ungarn stammende Brand – mit dem Namen Barack (sprich: baratz) Palinka – dem Likör eine ganz eigenständige Note. Dieses hochwertige Destillat ist naturgemäß nicht gerade billig, und jeder muß für sich entscheiden, ob er davon etwas in seinen Aprikosen-Likör tun will, um ihn in einen Apricot Brandy zu verwandeln. Übrigens, die gleich guten Dienste leistet der Marillenbrand aus Österreich oder der Apricotine aus der Schweiz.

Hergestellt wird der Apricot Brandy genauso wie der Aprikosen-Likör. Jedoch wird anstelle eines Teiles Alkohol Aprikosengeist verwendet.

Für 1,4 l Likör:
64 cl Aprikosensaft
(ca. 1,6 kg Früchte)
Enzympräparat
30 cl Alkohol
14 cl Barack Palinka o. ä.
32 cl Zuckersirup

Diesen Likör sollte man ein wenig mit Zuckerkulör (Seite 43) färben. Es ist auch durchaus üblich, ein wenig Rum oder Arrak dazuzugeben.

Bananen-Likör

34 Vol.%

Immer wenn es sonst keine Früchte im Garten oder auf dem Markt gibt, bietet sich die aromatische Banane an, um daraus einen leckeren Likör zu bereiten. Das ganze Jahr über bekommt man sie – und dank des erbitterten Preiskampfes der Giganten auch recht preiswert. Die Herstellung des Likörs ist besonders einfach.

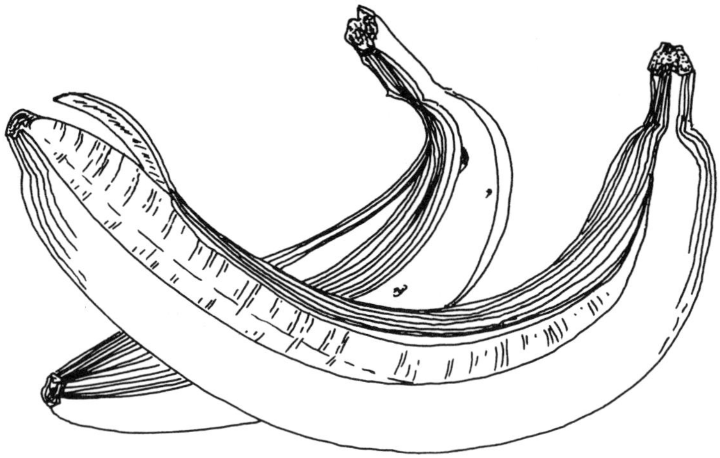

Die gut reifen Bananen schälen und in nicht zu dicke Scheiben schneiden. Die Scheiben in ein weithalsiges Glas geben und mit dem Alkohol überdecken. 10–14 Tage gut verschlossen stehenlassen und hin und wieder etwas schütteln. Dann durch ein Papierfilter abseihen und mit Zuckersirup und Wasser vermischen. Gut durchschütteln, einige Wochen stehenlassen und abziehen oder filtrieren.

Für 0,7 l Likör:
3 reife Bananen
25 cl Alkohol
15 cl Zuckersirup
30 cl Wasser

Die Farbe dieses »Erzeugnisses« ist nicht gerade ansprechend. Am besten, man hilft ein wenig mit Zuckerkulör (Seite 43) nach. Der Likör eignet sich besonders gut zum Aromatisieren von Obstsalaten und als Beigabe zu Vanilleeis.

Birnen-Likör

25 Vol.%

Wenn auch die Birne einen wundervollen Geschmack und einen herrlichen Duft hat, so sind doch diese Eigenschaften nur schwer auf einen Likör zu übertragen. Verfügt man über aromatische Früchte, lohnt allerdings ein Versuch.

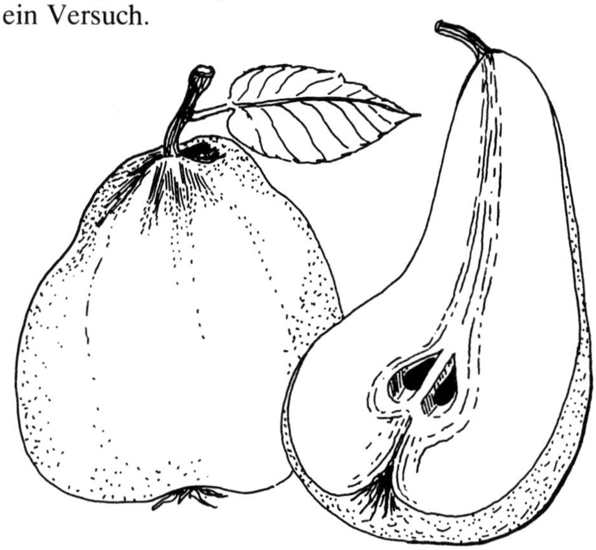

Die vollreifen aber nicht angestoßenen Früchte mit der Schale, aber ohne Kerne und Stiele im Mixgerät zerkleinern und sofort mit Alkohol und Birnengeist übergießen. In einer gut verschlossenen Flasche eine Woche stehenlassen und hin und wieder umschütteln. Dann abfiltrieren und die Rückstände auspressen. Den Saft mit Honig und Zuckersirup süßen. Einige Wochen stehenlassen und abziehen oder filtrieren.

Für 1,4 l Likör:
1,2 kg Birnen
30 cl Alkohol
14 cl Birnengeist
6 cl Honig
25 cl Zuckersirup

Ein wenig variieren kann man diesen Birnenlikör, indem man in dem Alkohol vorher zwei Tage lang 1/2 Vanilleschote, 4–5 Gewürznelken und eine Stange Zimt ausziehen läßt.

Blutorangenlikör

25 Vol.%

Dieser herrlich leuchtende, tiefrote Likör nimmt eine gewisse Sonderstellung ein. Nach den gesetzlichen Bestimmungen ist es der einzige Zitruslikör, der zu den Fruchtsaftlikören zählt und nicht zu den Fruchtaromalikören. Doch das ist für uns ohne Belang. Wir können natürlich genausogut normale Apfelsinen verwenden (falls es gerade keine Blutorangen gibt).
Vom Dezember bis April bekommt man Blutorangen, wobei man der Farbe wegen speziell auf die Doppelblutorangen achten sollte, die einen ungewöhnlich farbintensiven Saft haben.

Die Schalen der Blutorangen mit einem sehr scharfen Messer möglichst dünn abschälen und einen Tag in Alkohol einlegen. Aus den Früchten dann den Saft abpressen, filtern und in einer verschlossenen Flasche im Kühlschrank aufheben.
Am nächsten Tag den Schalenauszug filtern und mit dem Saft vermischen. Zuckersirup dazugeben und gut durchschütteln. Auf Flaschen füllen und nach 3–4 Wochen abziehen.

Für 0,7 l Likör:
Schalen von 5 Blutorangen (ungespritzt)
37 cl Blutorangensaft
18 cl Alkohol
15 cl Zuckersirup

Die rote Farbe dieses Likörs kann man noch intensivieren, wenn man einen Teil (etwa 1/4) des Zuckersirups durch Grenadinesirup austauscht oder ein Teil (etwa 1/8) des Orangensaftes durch Kirschsaft.

Brombeerlikör klassisch

24 Vol.%

Dieser auch unter dem Namen Kroatzbeere oder Blackberry bekannte Likör ist sehr beliebt bei uns, wohl auf Grund seines harmonischen Verhältnisses von Süße und Säure, von vollem Aroma und feinem Bukett. Die besten Ergebnisse erzielt man natürlich, wenn man vollreife, saftige und aromatische Früchte zur Verfügung hat. Besonders gut sind die Waldbrombeeren; sie sind zwar nicht so saftig wie Gartenbrombeeren, aber dafür unvergleichlich in ihrem Aroma.

Die Brombeeren zerstampfen und etwa 12 Stunden mit Enzympräparat behandeln (Seite 26). Den durchgeseihten Saft entweder tiefkühlen oder mit einem Teil des Alkohols aufspriten (Seite 26). Die Rückstände mit Alkohol übergießen, und gut verschlossen eine Woche stehenlassen. Hin und wieder schütteln. Danach abseihen, den Saft durchlaufen lassen und die Rückstände gut auspressen. Dann den Zuckersirup dazugeben und gut durchschütteln.
Harmonischer wird dieser Likör, wenn man noch etwas Brombeergeist oder Kirschwasser hinzufügt. Nachdem dies geschehen ist, alles zwei bis drei Wochen stehen lassen.

Für ca. 1,4 l Likör:
75 cl Brombeersaft
Enzympräparat
35 cl Alkohol
20 cl Zuckersirup
10 cl Brombeergeist
oder Kirschwasser
3 Nelken
1/2 Stange Zimt
1/2 Teelöffel Muskatblüte (Macis)

Einen Teil des Brombeersaftes, etwa 10 cl, kann man gut auch durch Kirschsaft, Himbeersaft oder Saft von schwarzen Johannisbeeren ersetzen. Der Fruchtgeschmack wird dadurch noch verstärkt.

Brombeerlikör modern

25 Vol.%

Wenn man keine Brombeeren bekommt oder im Garten hat, kann man gut auch Brombeerlikör mit gekauftem Brombeersaft herstellen. Das geht blitzschnell, und das Ergebnis ist sehr gut, wenn man einen erstklassigen Saft verwendet. Da die gekauften Säfte unterschiedlich süß sein können, empfiehlt es sich bei der Zugabe des Zuckersirups schrittweise vorzugehen.

Den Brombeersaft mit dem Alkohol und dem Brombeer- oder Himbeergeist vermischen. Dann den Zuckersirup dazugeben, gut durchschütteln und einige Tage stehenlassen.

Für 0,7 l Likör:
35 cl Brombeersaft (fertig)
13 cl Alkohol
12 cl Brombeer- oder Himbeergeist
10 cl Zuckersirup

Den Brombeersaft kann man zu etwa 1/4 durch Sauerkirschsaft ersetzen.
Eine besondere Note erhält der Likör, wenn man vorher in dem Alkohol 2–3 Tage 1/2 Vanilleschote und 3–4 Nelken ausziehen läßt. Vor Verwendung den Alkohol filtrieren.

Erdbeerlikör

24 Vol.%

Man sollte meinen, die so aromatische Erdbeere müßte auch einen guten Likör geben, in dem das Aroma voll zum Ausdruck kommt. Doch leider ist es sehr schwierig, die empfindlichen Aromastoffe zu »retten«. Auch im Handel gibt es kaum ein ansprechendes Erzeugnis. Wer größere Mengen eigener Ernte hat und nicht immer nur Marmelade kochen möchte, sollte sich ruhig einmal an diesen Likör wagen.

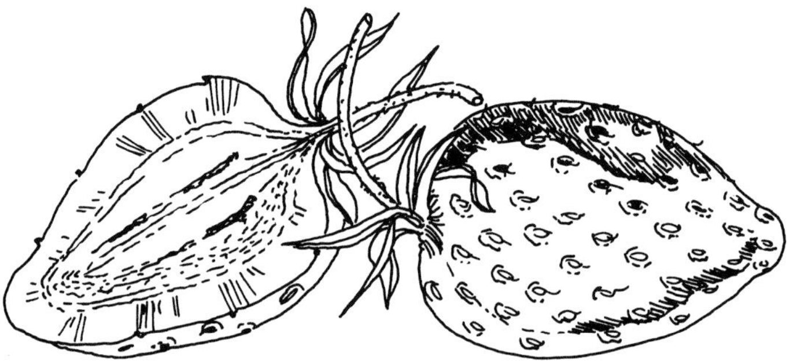

Da man Erdbeeren nicht ohne weiteres auspressen kann – der Saft bildet mit dem Fruchtfleisch zusammen eine schleimige Masse –, muß man die zerdrückten Früchte erst mit einem Enzympräparat vorbereiten (Seite 26/27). Nachdem die Erdbeeren so behandelt wurden, kann man den Saft durch ein Leinentuch abseihen. Den Saft dann tiefgefrieren oder mit einem Teil des Alkohols aufspriten (Seite 26). Die Rückstände werden mit Alkohol übergossen. Man läßt sie einige Tage ausziehen, filtert dann den Alkohol ab und läßt auch den Saft durchlaufen.
Die Rückstände gut auspressen. Den Saft nun mit dem Zuckersirup mischen und gut durchschütteln. Nach einigen Wochen abziehen.

Für ca. 1,4 l Likör:
80 cl Erdbeersaft
(ca. 1,3 kg Erdbeeren)
Enzympräparat
35 cl Alkohol
25 cl Zuckersirup

Wenn Sie Erdbeerwein haben – vielleicht auch aus eigener Ernte – können Sie anstelle von Saft etwas dazugeben. Der Likör erhält dadurch ein »gewisses Etwas«. Und färben kann man ihn, wenn gewünscht, mit etwas Kirschsaft anstelle von Erdbeersaft oder Grenadinesirup anstelle von Zuckersirup.

Heidelbeerlikör

24 Vol.%

Wer nicht gerade die geheimen Stellen im Wald weiß, an denen man Heidelbeeren (oft auch Blaubeeren genannt) findet, muß sie im Juli und August kaufen. Da die Pflückerei ziemlich zeitraubend ist, sind sie allerdings nicht gerade billig. Mit Heidelbeersaft kann man übrigens auch gut andere Liköre färben und für das original Stonsdorfer-Rezept ist er sogar unerläßlich.

Die Heidelbeeren gründlich zerkleinern, am besten in der Küchenmaschine. Dann 12 Stunden mit einem Enzympräparat behandeln (Seite 26/27). Den durchgeseihten Saft tiefkühlen oder mit einem Teil des Alkohols aufspriten (Seite 26).
Die Rückstände mit Alkohol mischen und eine Woche unter gelegentlichem Umrühren verschlossen stehenlassen. Dann die Rückstände ebenfalls abseihen und den Saft durchlaufen lassen. Gut auspressen, damit möglichst der gesamte Saft gewonnen wird.
Saft und Zuckersirup mischen und gut durchschütteln. Einige Wochen stehenlassen und dann filtrieren.

Für ca. 1,4 l Likör:
75 cl Heidelbeersaft, angegoren (ca. 1,2 kg Beeren)
35 cl Alkohol
30 cl Zuckersirup
Enzympräparat

Anstelle von Saft kann man auch Heidelbeerwein (10–15%) zugeben. Auch ein wenig Rum macht sich gut in diesem Likör. Geben Sie einfach einen Schuß dazu. Je aromatischer er ist, um so besser. Weiterhin kann man 2–3 Nelken und etwas Zimtstange zu den Rückständen geben (während sie vom Alkohol ausgezogen werden).

Hagebutten-Likör

38 Vol.%

Diese vitaminreichen Wildfrüchte eignen sich – sehr zur Freude aller Wanderer, die sie am Wegesrand finden – gut zur Likörherstellung. Allerdings muß man geduldig abwarten, bis sie vollreif und damit besonders aromatisch und süß sind. Sogar ein wenig Frost wäre nicht von Nachteil, doch irgendwann können einem die Vögel bei der Ernte zuvorkommen – deshalb heißt es auf der Hut sein.

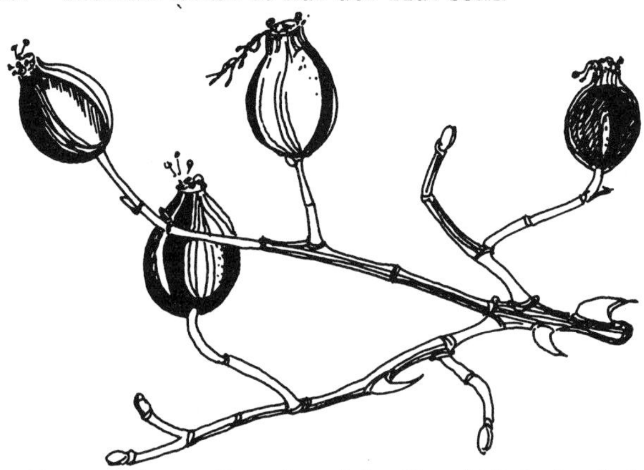

Die Hagebutten werden entkernt und das Fruchtfleisch wird in der Küchenmaschine mit einem Teil des Alkohols (damit die Maschine besser arbeiten kann) fein püriert. Nun den restlichen Alkohol dazugeben und den Ansatz 2–3 Wochen stehenlassen. Ab und zu umschütteln, dann abfiltrieren und den Portwein und das Wasser ebenfalls durch den Filter laufen lassen. Gut auspressen und dann den Zuckersirup untermischen. Einige Wochen stehenlassen und erneut filtrieren.

Für 0,7 l Likör:
400 g Hagebuttenfleisch
25 cl Alkohol
15 cl Portwein
15 cl Wasser
15 cl Zuckersirup

Zur besseren Klärung und um dem Likör noch mehr weinigen Charakter zu geben, kann man das Fruchtfleisch auch zunächst zwei bis drei Tage angären lassen. Dann muß man jedoch statt des Alkohols Wasser in das Mixgerät geben.

Himbeerlikör

25 Vol.%

Eigenartigerweise haben Himbeerliköre keine große Bedeutung im Reigen der vielfältigen Likör-Palette, obwohl sie wirklich ausgezeichnet schmecken. Außerdem sind sie auch für Mixereien und Erfrischungsgetränke sehr geeignet, und wenn keine Kinder dabei sind, kann man Himbeerlikör herrlich als »Ersatz« für den so beliebten Himbeersirup verwenden.
Auch hier gilt das bei den Brombeeren Gesagte: Im Wald geerntete wilde Früchte sind aromatischer als Beeren aus dem Garten. Wenn man die richtigen Stellen weiß und den geeigneten Zeitpunkt abpaßt (nicht jedes Jahr ergibt gleich gute Ernten), dann kann man in wenigen Stunden ein paar Kilogramm feinster Waldhimbeeren einheimsen.

Es empfiehlt sich, die ungewaschenen Beeren zunächst nach dem gründlichen Zerstampfen mit einem Enzympräparat zu behandeln (Seite 26/27) und nach einem halben Tag abzuseihen. Den Saft dann tiefkühlen oder mit Alkohol konservieren (Seite 26). Die Rückstände werden mit dem Alkohol eine Woche lang ausgezogen. Zwischendurch immer wieder einmal schütteln. Dann durch ein Leinentuch oder einen Papierfilter abseihen und den aufgetauten Saft ebenfalls durchlaufen lassen, damit der Alkohol möglichst restlos gewonnen wird. Den Rest gut auspressen, mit dem Zuckersirup mischen, durchschütteln und nach einigen Wochen abziehen oder filtrieren.

Für ca. 1,4 l Likör:
72 cl Himbeersaft (ca. 1,1 kg Beeren)
36 cl Alkohol
32 cl Zuckersirup
Enzympräparat

Mit etwas Himbeergeist kann man diesen Likör noch ein wenig im Aroma und Bukett verfeinern und verstärken. Lassen Sie eine beliebige Menge des Alkohols weg und geben Sie statt dessen gut das Doppelte dieser Menge an Himbeergeist dazu. (Natürlich wird dabei die Gesamtmenge entsprechend größer.)

Likör

Himbeerlikör quick & chic

ca. 25 Vol.%

Bei diesen herrlichen Beeren lohnt es sich wirklich, noch zwei weitere Rezepte anzugeben. Beide sind einfach nachzumachen.

1. In eine Flasche werden die Himbeeren (ungewaschen), der Zucker und eine aufgeschlitzte Vanillestange hineingegeben. Dann mit Korn auffüllen und zwei Monate stehenlassen. Hin und wieder schütteln, denn der Zucker muß sich natürlich völlig auflösen. Dann filtrieren und noch einige Zeit stehenlassen.

Für ca. 0,7 l Likör:
200 g Himbeeren
140 g Zucker
ca. 45 cl Doppelkorn 38 Vol.%
oder Wodka
½ Vanilleschote

2. Für dieses Rezept braucht man einen Dampfentsafter. Der damit gewonnene Saft wird nach dem Erkalten mit dem Zuckersirup, dem Alkohol und dem Himbeergeist gut vermischt. Einige Wochen stehenlassen und evtl. filtrieren oder abziehen.

Für 0,7 l Likör:
30 cl Himbeersaft
15 cl Zuckersirup
12 cl Himbeergeist 45 Vol.%
13 cl Alkohol

Holunderlikör

25 Vol.%

Holunderbeeren sollte man in jedem Fall ernten. Es gibt sie im Herbst überall in Hülle und Fülle, und aus dem Saft kann man nicht nur einen recht eigenwilligen Likör bereiten. Mit Alkohol konserviert oder tiefgefroren kann man ihn jederzeit auch wundervoll zum Färben von Likören verwenden, bei denen dunkelrote Farbe erwünscht ist und die Früchte selbst nicht so viel an Farbstoff hergeben. Am besten ist es, dazu den Saft im Eiswürfelbehälter einzufrieren. So kann man später auch kleinste Mengen bequem als »Farbe« zugeben.

Die Holunderbeeren im Entsafter entsaften oder durch einfaches Aufkochen der entstielten Beeren (10 Minuten) den Saft gewinnen. Ein paar zugegebene Birnenstücke verfeinern das Aroma noch. Dann filtrieren und mit Alkohol und Zuckersirup unter ständigem Rühren vermischen. Einige Wochen ruhen lassen und erneut filtrieren.

Für 0,7 l Likör:
37 cl Holunderbeersaft
18 cl Alkohol
15 cl Zuckersirup

Es empfiehlt sich, zunächst einmal eine kleine Probemenge herzustellen, um festzustellen, ob dieser Likör auch »ankommt«. Zur Milderung des etwas strengen Charakters kann man ihn gut zu einem Drittel oder zur Hälfte mit Apfellikör mischen oder einen Teil des Holundersaftes durch Apfelsaft ausstauschen.

Kirschlikör

25 Vol.%

Jede vierte Flasche Likör, die bei uns getrunken wird, ist Kirschlikör. Damit ist er einer der beliebtesten Liköre überhaupt. Kirschsaft hat einfach von Hause aus schon vieles, was man an einem Likör schätzt. Feine Fruchtsäure, herrliches Aroma, ein typischer, angenehmer Duft und nicht zuletzt die glutvolle Farbe machen uns den daraus hergestellten Likör so sympathisch.
Allerdings eignen sich nicht alle der in unseren heimischen Gärten zu findenden Kirschsorten für die Likörherstellung. Es sollten schon die Sauerkirschen sein, die man ja auch Weichseln nennt, und von dieser Gattung vorzugsweise die Schattenmorellen und Sauerweichseln. Kleinere Mengen Glasweichseln kann man mit verarbeiten. Sie geben nur keinen Farbstoff.

Die Kirschen werden entsteint und möglichst fein zermahlen. Am besten geschieht das in der Küchenmaschine. Die Pulpe dann mit Enzympräparat 12 Stunden behandeln und abseihen (Seite 26/27). Man kann aber auch den Saft im Dampfentsafter oder durch einfaches Aufkochen der Kirschen in wenig Zuckerwasser gewinnen. Den gefilterten Saft unter Rühren mit dem Alkohol, Weinbrand und Zuckersirup vermischen. Nun noch ein paar zerschlagene Kirschkerne dazugeben und einige Wochen stehenlassen. Dann erneut filtrieren.

Für ca. 1,4 l Likör:
68 cl Kirschsaft
(ca. 1,4 kg Früchte)
34 cl Alkohol
6 cl Weinbrand
32 cl Zuckersirup
evtl. Enzympräparat

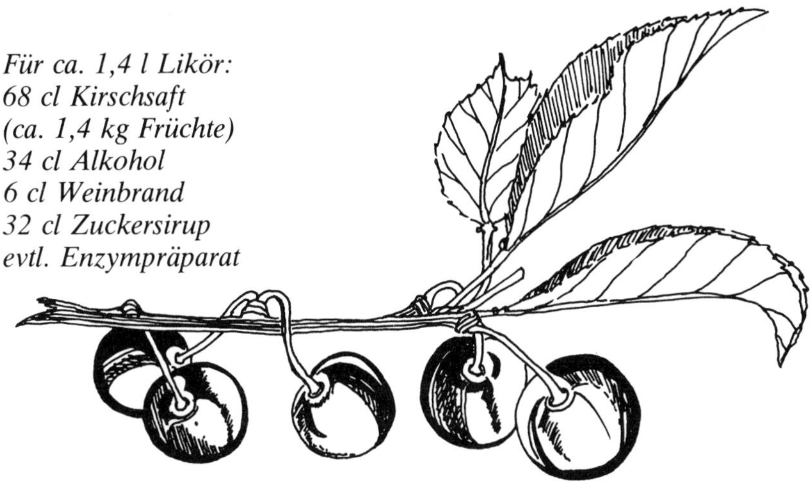

Cherry Brandy

30 Vol.%

Die besondere Art dieses berühmten Kirschlikörs ist auf das zugesetzte Kirschwasser zurückzuführen; außerdem soll der Likör auch höherprozentig als der einfache Kirschlikör sein und mindestens 30 Vol.% aufweisen.

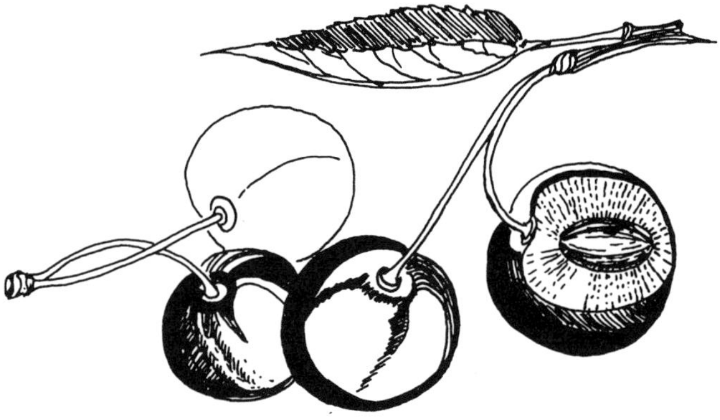

»Cherry« wird genauso hergestellt wie Kirschlikör. Man kann ein paar Kerne mehr nehmen, damit das typische Bittermandelaroma noch stärker herauskommt. Allerdings ist hier Vorsicht geboten, und man darf nicht übertreiben, da die Kerne Blausäure enthalten. Besser ist es vielleicht, ein paar Tropfen Bittermandelöl dazuzugeben. Wenn Sie Kerne nehmen, sollten diese nur einige Tage in Alkohol ausgezogen werden.

Für ca. 1,4 l Likör:
60 cl Kirschsaft
(ca. 1,2 kg Kirschen)
39 cl Alkohol
11 cl Kirschwasser 45 Vol.%
30 cl Zuckersirup

Eine vielfach beliebte Gewürznote erzielt man, indem man etwas Zimt, Nelken und Piment für einige Tage in Alkohol vorher ausziehen läßt (evtl. mit den Kernen zusammen).

Kirsch mit Rum

26 Vol.%

Auch diese Variante ist recht beliebt und verbreitet. Das ausgeprägte Rum-Aroma und -Bukett verträgt sich ausgezeichnet mit den Geschmacksstoffen des Kirschsaftes.

»Kirsch mit Rum« wird wie »Cherry Brandy« hergestellt.

Für ca. 1,4 l Likör:
74 cl Kirschsaft (ca. 1,5 kg Kirschen)
34 cl Alkohol
6 cl Jamaica-Rum 56 Vol.%
32 cl Zuckersirup

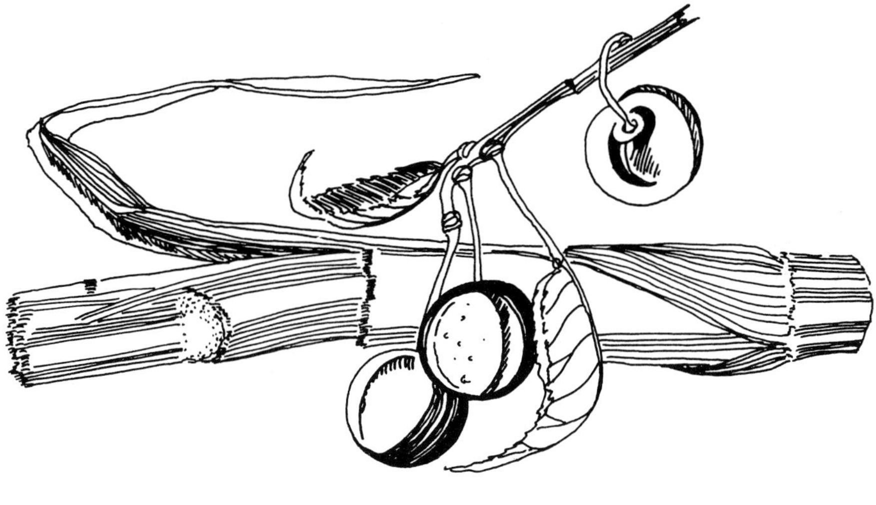

Kirsch mit Whisky ist noch eine andere Möglichkeit. Hierbei wird anstelle des Rums 10 cl Whisky verwendet und der Kirschsaft auf 68 cl vermindert. Man kann übrigens Scotch verwenden, aber auch reinen Malt Whisky oder Bourbon Whiskey.

Mandarinenlikör

30 Vol.%

Mandarinen sind bei uns im tiefsten Winter am »geschmackvollsten«, und da es zu dieser Jahreszeit an frischen Gartenfrüchten fehlt, können wir unsere Likörherstellung ganz auf diesen wundervollen Likör konzentrieren. In erster Linie ist es auch bei dieser Zitrusfrucht die Schale, die uns das wertvolle Aroma liefert. Schön, daß man also etwas verwenden kann, was sonst immer weggeworfen wird.

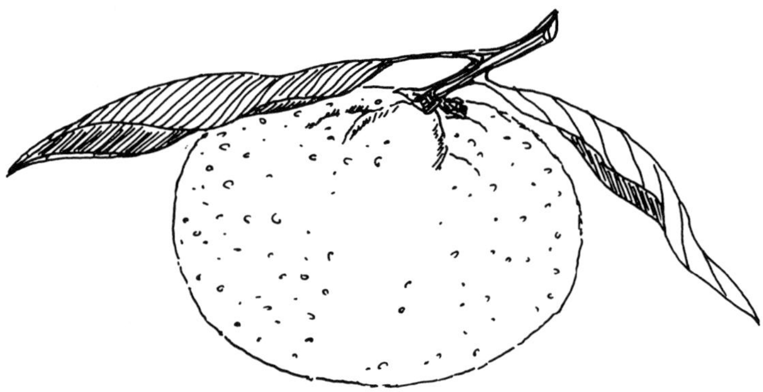

Die (unbehandelten) Mandarinen schälen (wie gewohnt mit der Hand, also ohne Messer). Die Schalen mit dem Alkohol übergießen und noch die hauchdünn geschälte Zitronenschale dazugeben. Einen Tag stehenlassen (öfter durchschütteln) und filtrieren. Den Extrakt mit dem Mandarinensaft, der Spirituose und dem Zuckersirup mischen. Einige Wochen stehenlassen, dann noch einmal filtrieren oder abziehen.

Für ca. 1,4 l Likör:
200 g Mandarinenschalen
30 g Zitronenschalen
(ungespritzte Früchte)

25 cl Alkohol
55 cl Korn oder Klarer 32 Vol.%
30 cl Mandarinensaft
30 cl Zuckersirup

Einen Teil des Korns kann man durch Weinbrand oder Cognac austauschen (nicht mehr als etwa 1/5 der Menge).

»Geistvolle« Mandarinen

30 Vol.%

Wundervoll lassen sich auch ganze Zitrusfrüchte einlegen. Allen voran die hocharomatische Mandarine. Ein solches Getränk ist nicht nur sehr dekorativ in der Hausbar, sondern auch besonders leicht herzustellen. Anstelle von Mandarinen kann man auch ungespritzte Orangen, Blutorangen, Zitronen oder Kumquats (Zwergorangen) verwenden. Auch ist eine Mischung dieser Südfrüchte recht originell.

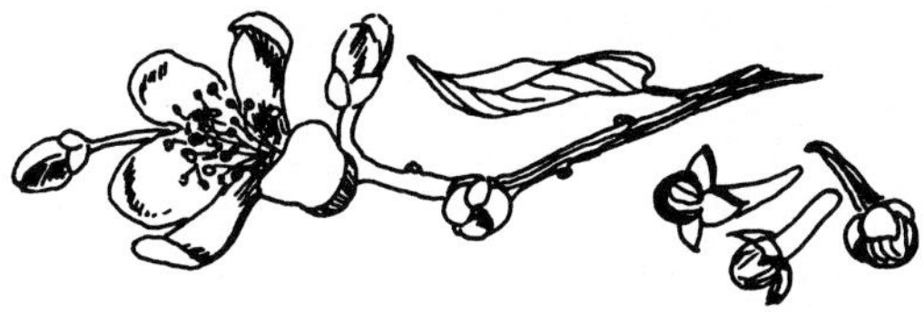

Die Mandarinen an mehreren Stellen mit einer spitzen Gabel anstechen und, falls gewünscht, Nelken hineinstecken. Die Früchte dann in ein weithalsiges, schlankes Glas legen und den Alkohol dazugeben. Hin und wieder umschütteln (da wahrscheinlich nicht alle Früchte bedeckt sind). Am nächsten Tag die Spirituose mit dem darin aufgelösten Zuckersirup hinzufügen.
Nach einigen Wochen den Likör abgießen, filtrieren und mit dem Wasser auf Trinkstärke verdünnen. (Wenn Sie ihn etwas »stärker« mögen, nehmen Sie einfach weniger Wasser). Die Früchte sollte man dann auch herausnehmen, das Glas gut spülen und alles wieder hineingeben. Möglicherweise werden sich aber wieder neue Flocken bilden, da ständig Saft aus den Früchten austritt.
Nach einigen Monaten die Früchte entfernen, falls überhaupt noch etwas von diesem herrlichen Likör vorhanden ist.

Für ca. 1,4 l Likör:
500 g Mandarinen
25 cl Alkohol
55 cl Korn oder Klarer 32 Vol.%
25 cl Zuckersirup
25 cl Wasser
Nelken nach Wunsch

Maracujalikör

25 Vol.%

Von den vielen exotischen Früchten, die dank der schnellen Verkehrsmöglichkeiten zu uns kommen, hat sich besonders die aus Südamerika stammende Passionsfrucht als aromagebender Bestandteil ganz ungewöhnlicher Liköre durchgesetzt. Es gibt schon einige Firmen, die so etwas auf den Markt bringen und auch der häusliche »Likörmeister« braucht davor keineswegs zurückschrecken. Empfehlenswert ist es allerdings, als Basis doch einen guten fertigen Saft zu verwenden. Wenn man mehrere zur Auswahl hat, sollte man sie alle ausprobieren, um den besten herauszufinden.

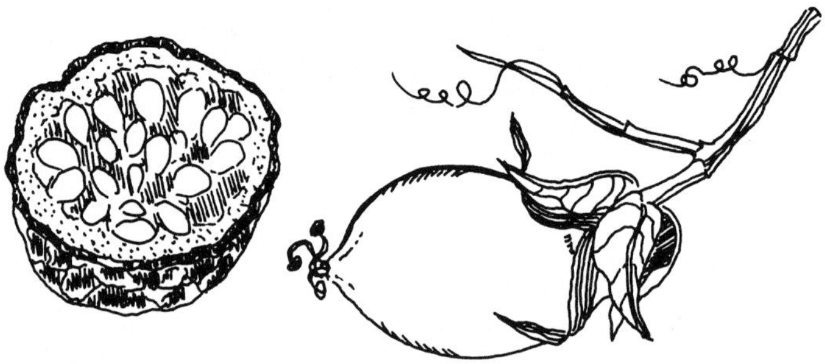

Der Saft, der immer naturtrüb ist, wird mit dem Alkohol und Zuckersirup gemischt. Dann noch den filtrierten Zitronensaft dazugeben und gut durchschütteln. Der Likör muß nicht mehr lagern und ist sofort trinkfertig. Wenn nach einiger Zeit eine starke Flockenbildung zu bemerken ist, dann sollte man ihn wie gewohnt filtrieren.

Für 0,7 l Likör:
43 cl Maracujasaft
2 cl Zitronensaft
18 cl Alkohol
7 cl Zuckersirup

Noch »exotischer« wird der Likör, wenn man in dem Alkohol vorher eine aufgeschlitzte Vanilleschote für einige Tage ausziehen läßt.

Orangenlikör »Cléa«, Seite 73 ▷

Orangenlikör für
Cléa
EXPOSITION

Maraschinolikör

Ein Kirschlikör zwar, doch er ist wasserklar, weil er nicht aus Kirschsaft, sondern aus Kirschwasser hergestellt wird. Erfunden wurde der Maraschino in der jugoslawischen Stadt Zadar. Später wanderte einer der Hersteller nach Italien aus und produzierte den Likör in der ursprünglichen Qualität weiter.
Voraussetzung sind die Maraska-Weichselkirschen, die wir hier kaum zur Verfügung haben. Dann gehören noch eine Reihe von mehr oder weniger geheimnisvollen Zutaten in den berühmten und für die feine Küche zum Aromatisieren unerläßlichen Likör. Weil er so bekannt ist, wollen wir ihn hier wenigstens erwähnen und angeben, was alles hineingehört. Doch die Mengen der Öle sind so gering, daß es praktisch unmöglich ist, nur ein paar Liter des Likörs herzustellen. An der folgenden Rezeptur *für 100 Liter* kann man das erkennen:

7 g Bitterpomeranzenöl, 5 g Zitronenöl, 3 g Zimtöl, 2 g Bittermandelöl, 1 g Maisöl, 1 g Nelkenöl werden mit 4 l Alkohol und 8 l Wasser auf 8 l destilliert. Dazu kommen dann 10 l Kirschwasser, 5 l Himbeergeist, 25 l Alkohol, 1,1 l Rosenwasser, 0,8 l Orangenblütenwasser und 52 l Zuckersirup und Wasser.

Wir haben aber im Anhang eine Bezugsquelle für eine fertige Essenz genannt, die man nur nach Vorschrift mit Kirschwasser und Zuckersirup zu mischen braucht.

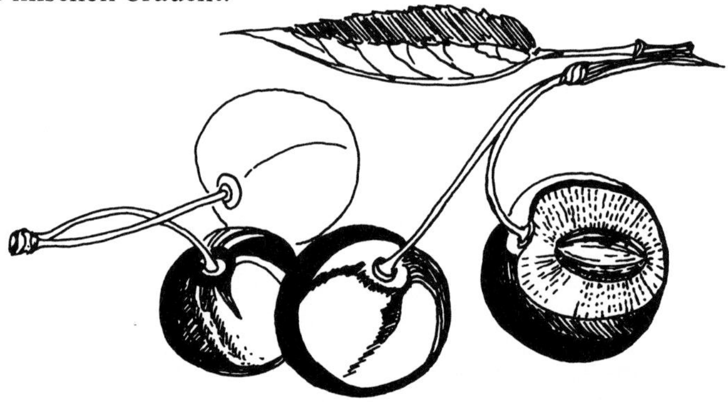

Mirabellenlikör

25 Vol.%

Diese Pflaumenart findet man oft in unseren heimischen Gärten, und wir möchten deshalb auch ein Likörrezept nennen. Mirabellenliköre sind sonst nicht allzuhäufig zu finden. Man destilliert viel eher aus den Früchten Mirabellenwasser, und da gibt es wahrhaft meisterliche Erzeugnisse, speziell aus dem Elsaß und Schwarzwald.

Die Mirabellen werden entkernt und im Mixgerät fein püriert. Das Enzympräparat, das wir dann für 12 Stunden dazugeben (Seite 26/27), erleichtert das spätere Entsaften erheblich.
Die Pulpe in ein Leinentuch geben und den Saft ablaufen lassen. Den Rückstand weitgehend auspressen und dann noch mit dem Alkohol eine Woche stehenlassen. Einige der aufgeschlagenen Kerne dazugeben. Den Saft inzwischen einfrieren oder mit einem Teil des Alkohols haltbar machen (Seite 26).
Dann den Extrakt herausfiltern und auch noch den Saft durch den Filter laufen lassen. Die Rückstände wieder sehr gut auspressen. Nun den Zuckersirup untermischen, und den Likör einige Wochen stehenlassen. Danach filtrieren oder abziehen.

Für ca. 1,4 l Likör:
72 cl Mirabellensaft
(ca. 1,5 kg Früchte)
Enzympräparat
36 cl Alkohol
32 cl Zuckersirup

Ein wenig verfeinern kann man den Likör noch, indem man 6 cl Alkohol durch 14 cl Weinbrand oder Mirabellenwasser ersetzt.

Orangenlikör

30 Vol.%

In erster Linie ist es die Schale dieser Frucht, die uns bei der Likörherstellung interessiert. In ihr stecken wertvolle ätherische Öle, die in ihrem Aroma unverwechselbar sind. Allerdings muß man bei der Verwendung der Schalen recht vorsichtig zu Werke gehen, denn direkt darunter sitzt schon die weiße, sogenannte Pulpa, die unerwünschte Bitterstoffe abgeben würde. Man muß also mit einem möglichst scharfen Messer die Schale sehr dünn abschälen. Der Saft wird nur in kleinerem Anteil zur Abrundung und für eine feine Säure mitverwendet.

Die Orangen und Zitronen dünn schälen und die Schalen mit dem Alkohol höchstens 10 Stunden ausziehen (öfter umschütteln). Dann filtrieren und den Extrakt mit dem Saft, der Spirituose, dem Zucker- und Grenadinesirup mischen. Gut durchschütteln, filtrieren und ein paar Wochen stehenlassen; erneut filtrieren.

Für ca. 1,4 l Likör:
100 g Orangenschalen (naturrein)
30 g Zitronenschalen (naturrein)
25 cl Alkohol
55 cl Korn oder Klarer 32 Vol.%
30 cl Orangensaft
25 cl Zuckersirup
5 cl Grenadinesirup

Früher war noch ein sogenannter Orangen-Gold-Likör beliebt, bei dem verschiedene Gewürzauszüge hinzugefügt wurden. Sicherheitshalber sollte man davon – falls man Interesse hat – erst eine kleine Menge herstellen. Am besten, man zieht in Alkohol Kalmuswurzeln, Nelken, Macis (Muskatblüte) und Zimt zu gleichen Teilen aus und gibt etwas von diesem Extrakt (unter Berücksichtigung des Alkohols) zu dem Likör.
Orangenlikör sollte innerhalb eines Jahres getrunken sein.

Orangenlikör »Cléa«

42 Vol.%

Wer Spaß an ausgefallenen Dingen hat, die auch wunderbar als Mitbringsel geeignet sind, der wird auch Spaß an dem folgenden Likör nach einem alten Rezept aus Frankreich haben. Er ist besonders bestechend durch sein sehr zartes Aroma. Zur Herstellung braucht man allerdings etwas Geduld und so ganz billig ist er durch die reichliche Verwendung von Alkohol auch nicht.

Der Alkohol wird in ein zylindrisches Glas gegeben, das mit einem großen Korken dicht verschlossen werden kann. Die naturreine Orange wird nun mit einem Faden so befestigt, daß sie den Alkohol nicht berührt (s. Bild S. 69). Das geht gut, wenn man den Faden mit einer langen Nadel durch die Orange zieht und unten ein Stück Zahnstocher anknüpft. Dann zieht man den Faden durch den Korken und kann ihn oben genau in der richtigen Höhe durch einen Knoten sichern. Nach einigen Wochen »Reifezeit« im Dunklen macht man das gleiche noch einmal, jedoch mit einer Mandarine; außerdem legt man die hauchdünn abgeschnittene Schale einer halben Zitrone hinein. Später kommt noch der Zuckersirup dazu und zur Abschwächung auf Trinkstärke das Wasser.

Für ca. 1,1 l Likör:
50 cl Alkohol
1 naturreine Orange
1 naturreine Mandarine
½ naturreine Zitrone
25 cl Zuckersirup
40 cl Wasser

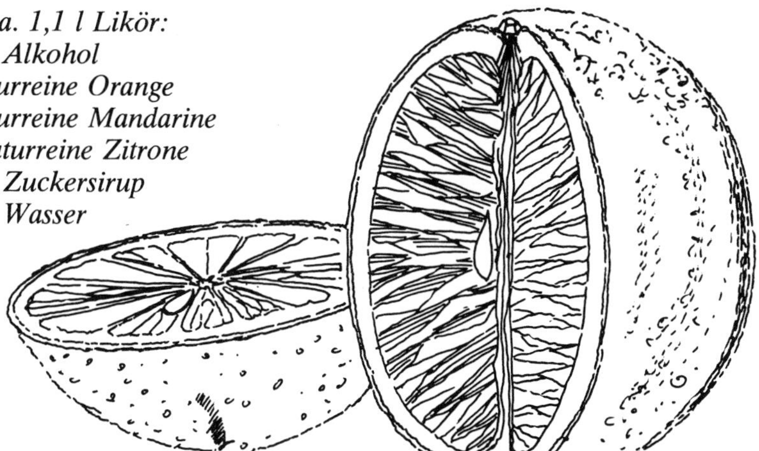

Quittenlikör

31 Vol.%

Viele haben im Garten Quittenhecken und wissen oft nicht, was sie mit den meist reichhaltig anfallenden, steinharten Früchten machen sollen. Aus dem Saft dieser Früchte kann man aber nicht nur Gelee zaubern, sondern auch einen recht ansprechenden Likör. Ein solcher Likör ist sehr aromatisch und hat einen fein säuerlichen typischen Geschmack.

Wenn man auch frisch gepreßten Saft (aus der sehr reifen, zerquetschten Frucht gewonnen) verarbeiten kann, so empfehlen wir doch eher mit dem Dampfentsafter hergestellten Saft zu verwenden. Dieser Saft wird mit dem Alkohol und der Spirituose unter Umrühren vermischt und dazu kommt der Zuckersirup.
Den zerstoßenen Koriander und die grob gehackten Bittermandeln kann man entweder eine Woche vorher im Alkohol ausziehen lassen oder ein paar Wochen im Likör lassen. Dann aber müssen diese Gewürze entfernt werden (durch Filtrieren). Der fertige Likör wird nach einiger Zeit noch einmal filtriert oder abgezogen.

Für 0,7 l Likör:
25 cl Quittensaft
15 cl Alkohol
20 cl Doppelkorn oder Wodka
10 cl Zuckersirup
6 Bittermandeln
20 Korianderkörner

Will man frischen Saft verwenden, verfährt man wie beim Himbeerlikör angegeben, also mit einem Enzympräparat.

Rumtopf-Likör

Rumtopf ist eine herrliche Sache. Die ganze Pracht und Aromafülle der gartenfrischen Früchte kommt darin konzentriert zum Ausdruck. Da wir aber ein Likörbuch vor uns haben, wollen wir die Gelegenheit nutzen, gleichzeitig mit dem Rumtopf auch eine gehörige Portion Rumtopf-Likör herzustellen. Im Grunde wird alles genauso gemacht wie beim bekannten Rumtopf, wir geben lediglich mehr Rum, als eigentlich erforderlich, dazu und füllen uns später einige Flaschen davon separat ab.

Die jeweiligen Früchte der Saison werden gewaschen, abgetrocknet und in einen großen, zylindrischen Topf (Steingut o. ä.) gegeben. Dazu kommt die gleiche Gewichtsmenge Zucker und je Pfund Früchte zuerst eine ganze und später 1/2 bis 3/4 Flasche 56%iger Rum.
Mit Erdbeeren geht es los, dann kommen Kirschen, Aprikosen, Pfirsiche, verschiedene Beeren (keine Stachelbeeren wegen der Schalen; wir haben aber einen hervorragenden Stachelbeerlikör auf Seite 81), Pflaumen, Mirabellen, Birnen und Ananas. Die Früchte müssen immer von Flüssigkeit bedeckt sein (evtl. einen Teller darüber legen), und das Gefäß muß dicht verschlossen sein (z. B. mit Folie bedecken und fest zubinden). Um die Weihnachtszeit ist es dann soweit. Wir können einmal die Früchte essen, zum anderen aber auch unseren Likör abfüllen. Herrlich schmeckt dieser Likör nicht nur pur, sondern auch über Vanilleeis oder -pudding.

Schlehenlikör

25 Vol.%

Diese kleinen pflaumenartigen Früchte – sie gehören zur Familie der Rosengewächse – wachsen an Waldesrändern. In manchen Jahren gibt es sehr große Mengen davon. Dafür findet man oft überhaupt keine. Wenn ein »gesegnetes« Jahr ist, sollte man mit einem großen Korb losziehen und die Gratis-Ernte einholen. Allerdings muß man bis nach dem ersten Frost warten, da sie danach einen Teil ihrer übergroßen Herbheit verloren und in eine angenehme Süße verwandelt haben. Trotzdem herbwürzig bleibt dieser Likör in jedem Fall.

Am besten ist es, den Saft mit dem Dampfentsafter zu gewinnen und nach dem Abkühlen unter Rühren mit den anderen Zutaten zu vermischen. Nach einigen Wochen kann man ihn dann filtrieren. Natürlich kann man das Schlehenfleisch auch, nachdem es im Mixgerät zerkleinert wurde, mit Enzympräparat behandeln (Seite 26/27) oder einige Tage mit dem Alkohol ausziehen lassen. Ein paar Kerne (mit dem Hammer zerschlagen) sollte man dazugeben. Der Saft wird dann abgefiltert und mit der Spirituose und dem Zuckersirup vermischt.

Für ca. 1,4 l Likör:
60 cl Schlehensaft
(ca. 1,2 kg Früchte)
30 cl Alkohol
15 cl Sliwowitz
35 cl Zuckersirup

Aus zweierlei Gründen ist es angebracht, bis zu 1/3 des Schlehensaftes durch Kirschsaft zu ersetzen. Einmal wird die Strenge noch mehr gemildert, zum anderen erhält der Likör eine »tiefere« Farbe.

Schwarzer Johannisbeerlikör

20 Vol.%

Wer kennt nicht den berühmten Aperitif »Kir«, der lediglich aus 1 Teil Crème de Cassis und 8–9 Teilen eines herben Weißweines besteht. Dieses Verdünnungsverhältnis zeigt schon, daß es sich hier um einen ganz ungewöhnlich aromatischen Likör handeln muß. Crème de Cassis ist übrigens der französische Name für den Likör aus schwarzen Johannisbeeren. (Aus roten und weißen Beeren stellt man nur selten Likör her, man verwendet sie aber beim »Schwarzen« in gewissen Anteilen mit.)

Die Beeren gründlich zerquetschen und mit einem Enzympräparat (Seite 26/27) versetzen. Nach einem halben Tag abseihen und den Saft einfrieren oder mit Alkohol konservieren (Seite 26). Die Rückstände mit dem Alkohol übergießen, luftdicht verschließen und eine Woche stehenlassen. Hin und wieder schütteln, dann abseihen, den aufgetauten Saft durchlaufen lassen und gut auspressen. Den Saft mit dem Zuckersirup mischen, durchschütteln und einige Wochen stehenlassen. Dann filtrieren oder abziehen.

Für ca. 1,4 l Likör:
74 cl Saft von schwarzen (2/3) und roten (1/3) Johannisbeeren (ca. 1,3 kg Beeren)
30 cl Alkohol
36 cl Zuckersirup

»*Aufgesetzter*«

ca. 25 Vol.%

Die große Spezialität aus schwarzen Johannisbeeren, die ursprünglich in Westfalen beheimatet war, jetzt aber auch andere Landstriche erobert hat.

In eine Flasche werden schwarze Johannisbeeren gegeben und mit Korn aufgefüllt. Nach einigen Wochen wird abfiltriert und nach Belieben mit Zucker gesüßt.

Für 0,7 l Likör:
300 g schwarze Johannisbeeren
ca. 45 cl Korn oder Doppelkorn
50 g Zucker oder mehr

Schwarze Johannisbeeren sind gewissermaßen Bestandteil des Urrezeptes. Hier bietet sich eine ausgezeichnete Gelegenheit, ganz eigene und neue Wege zu gehen. Im Grunde eignen sich viele aromatische Früchte und Beeren dazu, ihre Aromastoffe – auf die es uns in erster Linie ankommt – auf diese Weise an den Alkohol »abzutreten«. Man verwendet also einfach statt der schwarzen Johannisbeeren zum Beispiel Himbeeren, Brombeeren, Heidelbeeren, Ananaswürfel, entkernte Sauerkirschen oder andere Früchte. Bei sauren Früchten muß man aber den Zuckeranteil etwas erhöhen. Auch kann man passende Spirituosen verwenden: Zu den Himbeeren Himbeergeist, zu den Kirschen Kirschwasser usw.

Crème de Cassis

18 Vol.%

Der so bezeichnete, sehr niedrigprozentige Fruchtsaft-Likör wird etwas anders hergestellt als der schwarze Johannisbeerlikör. Allerdings werden wir ihn außerhalb Burgunds nie so perfekt nachmachen können. Dazu fehlen die ganz besonderen Beeren und die Möglichkeiten, ihn im Faß bis zur Reife lagern zu können.

Die Beeren werden zerquetscht und mit dem Zucker vermischt. Zwei Tage angären lassen (Seite 27), dann den Alkohol dazugeben und dann die Blätter. Noch zwei bis drei Tage stehenlassen (immer mit einem Gärrohr verschlossen, natürlich), danach filtrieren und die Rückstände gut auspressen. Den Dessertwein dazugeben und mit dem Zuckersirup süßen. Durchschütteln und einige Wochen stehenlassen. Dann erneut filtrieren oder abziehen.

Für ca. 1,2 l Likör:
600 g schwarze Johannisbeeren
40 g Zucker (zur Maische)
20 cl Alkohol
20 Blätter vom Johannisbeerstrauch
30 cl Dessertwein
10 cl Zuckersirup

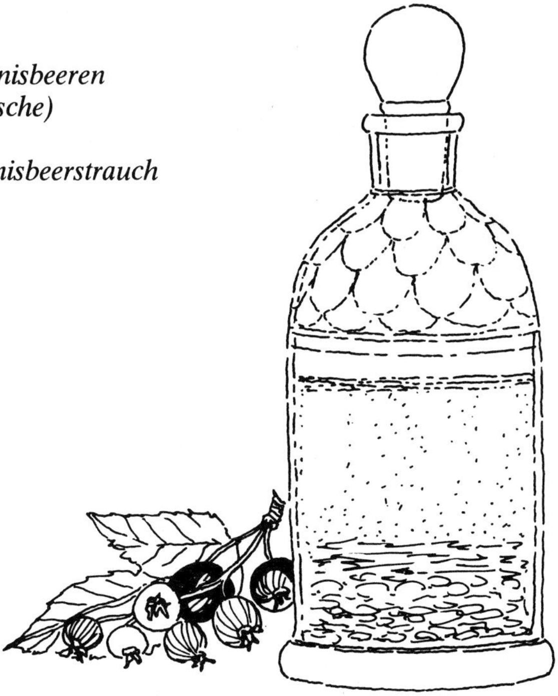

Stachelbeerlikör

27 Vol.%

Dieser Likör ist im Handel überhaupt nicht zu finden, da man das Aroma der zarten Beeren kaum voll in den Likör überführen kann. Da manch ein Gartenfreund vielleicht aber über größere Mengen Stachelbeeren verfügt, wollen wir doch ein Rezept angeben, das einen recht guten Likör ergibt. Dadurch, daß man die Beeren angären läßt, ergibt sich nebenbei auch ein gewisses weinartiges Bukett.

Die Beeren nach dem Waschen und Trocknen gründlich zerstampfen und zermanschen. Dann zwei bis drei Tage angären lassen (Seite 27) und den Saft durch ein Leinentuch filtrieren. Jetzt den Johannisbeersaft und Heidelbeersaft dazugeben, den Alkohol, die Spirituose und den Zuckersirup. Alles gut durchmischen und einige Wochen stehenlassen. Dann filtrieren.

Für ca. 1,4 l Likör:
55 cl Stachelbeersaft
10 cl schwarzer Johannisbeersaft
10 cl Heidelbeersaft
35 cl Alkohol
10 cl Weinbrand
20 cl Zuckersirup

Wenn man keinen Heidelbeersaft zur Verfügung hat, kann man auch Kirschsaft verwenden. Es empfiehlt sich, die Zuckermenge allmählich zuzugeben und zwischendurch zu probieren, da Stachelbeeren ganz unterschiedlich süß sein können.

Weintraubenlikör

27 Vol.%

Diesen Likör sollte man nur herstellen, wenn man über die aromatischen Muskatellertrauben verfügt, die noch dazu voll ausgereift sein müssen. Es ist kein besonders aromastarker Likör, deshalb fügt man auch meist noch etwas Weinbrand hinzu, damit er wenigstens etwas Rückgrat bekommt.

Die Trauben werden mit einer Handpresse oder im Entsafter ausgepreßt. Der Saft wird 12 Stunden mit einem Enzympräparat behandelt (Seite 26/27) und danach filtriert. Unter Rühren den Alkohol, Weinbrand und Zuckersirup dazugeben, gut durchschütteln und einige Wochen stehenlassen. Erneut filtrieren oder abziehen.

Für ca. 1,4 l Likör:
75 cl Traubensaft
(ca. 1 kg Trauben)
35 cl Alkohol
10 cl Weinbrand oder Cognac
20 cl Zuckersirup
Enzympräparat

Obwohl es geschmacklich nicht viel bringt, sieht es doch ganz originell aus, wenn man in den fertigen Likör einige ganze Weintrauben gibt.

Zitronenlikör

30 Vol.%

Dieser Likör eignet sich dank seines starken Aromas und der feinen Säure hervorragend für Mixgetränke oder zum Verfeinern von Süßspeisen. Aber auch eiskalt über Eiswürfel ist er der rechte Entspannungsdrink.

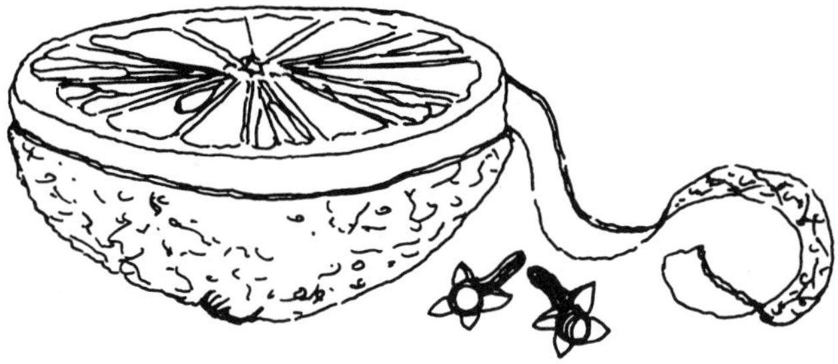

Die Schalen der unbedingt naturreinen Zitronen werden mit einem scharfen Messer hauchdünn abgeschnitten. Es sollte sich kein Weißes (Pulpa) daran befinden, da dies unerwünschte Bitterstoffe erhält. Dann den Alkohol über die Schalen geben und einen Tag stehenlassen (ein paarmal umschütteln). Anschließend filtrieren und den Extrakt mit dem filtrierten Saft, der Spirituose und dem Zuckersirup mischen. Einige Wochen stehenlassen und dann abermals filtrieren.

Für ca. 0,7 l Likör:
100 g Zitronenschalen
13 cl Alkohol
27 cl Korn oder Klarer 32 Vol.%
10 cl Zitronensaft
20 cl Zuckersirup

Wer den bekannten Cocktail Daiquiri mag, wird sicher an folgender Variante Spaß haben: Anstelle des Korns oder Klaren wird die gleiche Menge weißer Rum 40 Vol.% verwendet.

Zwergorangen-Likör

28 Vol.%

Immer häufiger bekommt man jetzt diese winzigen Orangen, die auch Kumquats genannt werden. Sie haben ein ganz eigenes Aroma und sind dabei auch ein wenig bitterlich. Die Früchte werden grundsätzlich mit der Schale gegessen und sind speziell für Obstsalat eine gute Bereicherung. Wenn sie bei der Likörherstellung ihre Dienste getan haben, können wir sie immer noch ausgezeichnet in der Küche verwenden.

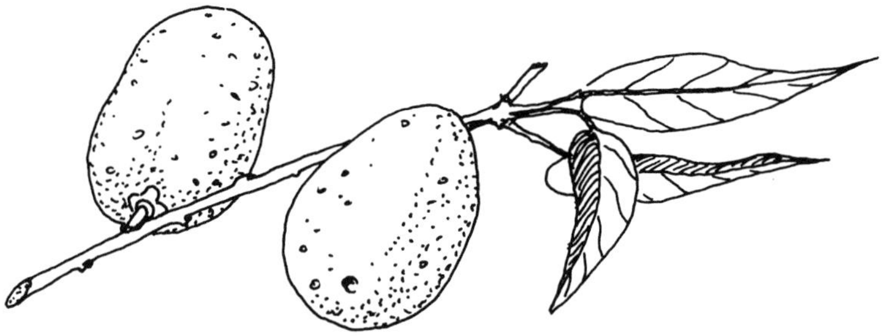

Die Zwergorangen in Scheiben schneiden, die Kerne entfernen und die Scheiben dann mit der Spirituose, in der vorher der Zuckersirup aufgelöst wurde, übergießen. Nach einigen Wochen ist der Likör fertig. Man kann nun die Früchte herausnehmen und den Likör wie üblich filtrieren oder man läßt sie einfach im Likör, wo sie dauerhaft aufgehoben sind. Selbstverständlich kann man auch die ganzen Früchte einlegen. Nur empfiehlt es sich, sie nicht länger als zwei bis drei Monate im Likör zu belassen, da sonst allmählich aus den Kernen unerwünschte Geschmackstoffe austreten. Es gibt allerdings auch Sorten, die sehr wenig Kerne haben, und da spielt die Zeit keine Rolle.

Für ca. 1 l Likör:
500 g Zwergorangen
70 cl Wodka 40 Vol.%
15 cl Zuckersirup

Anstelle von Wodka kann man auch Doppelkorn oder Klaren 38 Vol.% verwenden. Und wer mag, kann mit Zuckerkulör (Seite 42) eine schöne bernsteingelbe Farbe erzielen.

Tutti-Frutti-Likör

Dieser Begriff ist heute nicht mehr üblich. Wir wollen ihn aber wieder aufleben lassen und geben dreizehn Rezepte* für Liköre an, die aus verschiedenen Fruchtsäften gemischt werden. Selbstverständlich kann man noch mehr Variationen herstellen, und ebenso kann man die Verhältnisse der in unseren Rezepten angegebenen Fruchtsaftmengen ganz nach Geschmack verändern. Empfehlenswert ist es, die Saftmischungen in solchem Fall vielleicht erst im kleinen zu probieren und dabei auch den richtigen Zuckergehalt festzulegen.
Es soll hier im einzelnen nicht mehr auf die Gewinnung der Fruchtsäfte eingegangen werden. Bei den jeweiligen Likören ist dieses Thema ausreichend behandelt. Doch einen Tip wollen wir geben: Es empfiehlt sich (falls man Spaß an solchen Mischlikören hat), bei der Saftgewinnung im Laufe des Jahres immer eine Teilmenge tiefzukühlen. Irgendwann hat man dann alles zusammen und kann einen herrlichen Tutti-Frutti-Likör zusammenstellen.

Der gemischte Fruchtsaft wird mit dem Zuckersirup und dem Alkohol unter Rühren gut vermischt. Nach einigen Wochen Ruhezeit filtriert man dann wie gewohnt.
Tutti-Frutti-Liköre sollten 25–35 Vol.% haben. Auf einen Liter Fruchtsaft/Zuckersirup-Mischung gibt man bei 25 Vol.% 35 cl Alkohol, bei 30 Vol.% 45 cl und bei 35 Vol.% 57 cl.
Gern kann man auch immer etwas Weinbrand oder Obstler hinzufügen und bei den Likören mit hohem Ananasanteil vielleicht einen Schuß Jamaica-Rum (auch weißen).

* Diese Rezepte finden Sie in Form einer Tabelle auf der folgenden Seite.

Tabelle für Tutti-Frutti-Liköre

	Dreifrucht			*Vierfrucht*						*Fünffrucht*		*Sechsfrucht*	
	1	2	3	4	5	6	7	8	9	10	11	12	13
Ananassaft				40	30				45	24	28	22	26
Apfelsaft		40					19					18	
Aprikosensaft													21
Brombeersaft							22						
Erdbeersaft	40		41	45	40	34		20	21	24	23	18	21
Himbeersaft	23		31		20	28	22	40	21	24		7	9
Holundersaft		20											
Johannisbeersaft schwarz						20		25		12	10		
Johannisbeersaft rot				10					13				6
Orangensaft			28								16	18	
Sauerkirschsaft		40		5	10	18	37	15		16			
Traubensaft	37										23	17	17

Jede senkrechte Zeile ist ein Likör. Die Zahlen geben die Teile von jeweils 100 an.

Ein gülden Wasser für die Aussetzigkeit/Grindt/Eyssen/vnd für die böse feuchtigkeit.

Item nimb Galgan/Zitwan/Bibinel/Blutwurtz/ rot vnd weiß Corallen/Berlin/Amatist/rubin/Granat/jeglichs ein quintlin/ Roten/Gelben/vnd weissen Sandel/Helffenbein gschabt/ heißt Rasura eboris/Helffenbein gebrant heißt Spodium/jeglich ein halb lot/ Zimmet/Negelin/Muscatblüt ein quintlin/ Muscatnuß ein halb quintlin/Daubenkropff/Scabiosen/Bilsenkraut jegliches ein halb handt voll/diß alles mach zusamen in ein zwo maß Daubenkropff vnd Scabiosen wasser/vnd laß es neun tag an der Sonnen oder in einer Stuben stehn/in einem Glaß oder Zynnen Geschirr/vnd wenn du es Gedistilliert hast durch ein Gläsern Helm/so thu Ambra vnd Bysem jegliches drey Gersten körner schwer darein/ geschlagen Goldt vnnd Silber jegliches fünff Bletter/ brauch allen tag eines halben Lots schwer daruon.

Ein gülden Wasser zu allen Gliedern.

Item nimb Zimmet/Ingwer/Negelin/Muscatnuß vnd blüet jedes ein halb lot/Weckholter/Lorberen vnd Bletter/Indiē öpffel schelet/Bibergeil jeds ein halb lot/Saffron ein halb quintlin/Loröl zwey lot/Tiriacks anderthalb lot/Zitwan/Galgen/ein quintlin edel Müntze/edel rot Rosen/Melissen/edle Spicanardi/ Maria Magdalenen kraut/Lauander/Maioran/Rosenmarin/Salbey jedes ein lot/ die Wurtzel groblecht zerstossen/vnd die Kreuter zerschneid klein/ stell es vier Wochen an die Sonnen in zwo maß gebranten Wein/inn ein Zynnen Geschirr/denn Distillier es durch ein Gläsern Helm / ist gut allen morgen nüchtern gebraucht ein halb Eyer schal voll.

Ein gülden Wasser für Apostemen im Leib.

Item nimb Zimmet/Negelin / Muscatnuß / Saffron jedes ein quintlin Süßholtz/ Violwurtz die Venedisch ist / edle Spicanardi/ Peonien körner/Feigen/Dacteln/Meertreubel jedes ein lot/ Puluer Diamargeritō findet in der Apoteck/ein lot Maurraut/Nept/Isop/ edel Müntz/Mutterkraut jedes ein halb handt voll/diß gelegt in zwo maß Geyßmilch vier Wochen lang/vnd stell es an die Sonn/ denn Distillier es durch ein Helm/darnach brauch das Wasser mit Violaten / der Syrup hilfft auß der massen fast/vnd bricht alle Apostemen onschaden.

Kräuterliköre und Bittere

Der Zuckergehalt dieser Liköre geht vielfach soweit zurück, daß man gar nicht mehr von Likören sprechen kann. Man nennt die Erzeugnisse in diesen Fällen Bittere, und tatsächlich sind die Bitterstoffe auch so vorherrschend, daß sie eher eine fast medizinische Wirkung haben, als einen vollendeten Genuß auf der Zunge darzustellen. Diese Bitteren sind sehr beliebt und je bitterer sie sind, um so (vermeintlich) besser sind sie auch. Doch auch die fast unübersehbare Palette der Kräuterliköre und Halbbitter hat einen festen Freundeskreis, wie die hohen Absatzzahlen der einschlägigen bekannten Marken beweisen.

Über die Beschaffung der Zutaten haben wir schon einiges im Einleitungsteil gesagt, hier sei nur angemerkt, daß es unzählige Rezepturen gibt. Kein Kräuterlikör oder Bitterer gleicht dem anderen, und jedes der bekannten Rezepte hat andere Zutaten (oft bis zu 100) und andere Gewichtsverhältnisse der Drogen und Gewürze. Man muß deshalb auch die Rezepturen nicht so eng auslegen und nun unbedingt aufs Gramm genau achten. Kaum jemand wird in der Lage sein, später genau herauszuschmekken, was im einzelnen in den Auszügen steckt.

Wir haben auch darauf hingewiesen, daß die Beschaffung frischer Drogen und Kräuter Vertrauenssache ist und daß man an alten Zutaten, aus denen sich die wertvollen Bestandteile schon verflüchtigt haben, wenig Freude haben wird.

Ein Problem ist auch die Beschaffung der erforderlichen kleinen Mengen. Oft sind es nur wenige Gramm, ja manchmal nur ein halbes Gramm. Durch die von den Apotheken erhobenen Dispensationsgebühren (erhoben für einzelne Wiegevorgänge) können selbst sonst billige Drogen recht kostspielig werden. Für alle angegebenen Rezepte haben wir einen Apotheker ausfindig gemacht, der die erforderlichen fertigen Mischungen bereithält und auf Bestellung verschickt (s. Anhang). Außer den ausführlich beschriebenen Kräuterlikören und Bitteren gibt es dort auch noch die Zutaten für Boonekamp, Doktorbitter und Angosturabitter. Bemerkt sei noch, daß diese Erzeugnisse durch längeres Stehen immer besser werden.

Kräuterliköre sind immer ein wenig geheimnisvoll, Sie haben etwas von Alchemie. ▷

Aromatique

41 Vol.%

Ein Bitter mit vielen wirksamen Kräuter- und Drogenbestandteilen, den man vorzugsweise zur Abwendung oder Behebung von Unwohlsein trinkt, oder aber, weil man Spaß an ganz herben, fast medizinischen Likören hat. Wenn man den einen oder anderen Bestandteil nicht erhält, ist das halb so schlimm. Im Charakter bleibt dies »Erzeugnis« trotzdem nahezu unverändert.

Die Kräuter und Drogen grob im Mörser zerkleinern und mit dem Alkohol und der Spirituose 14 Tage ansetzen. Dann filtrieren, den Ansatz auspressen und den Zuckersirup dazugeben. Mit Zuckerkulör (Seite 42) tiefbraun färben.

Für ca. 1 l Likör:
1 g Macis (Muskatblüte)
1 g Kardamom
1 g Nelken
1 g Kubeben
2 g Lorbeerblatt
2 g Pfefferminzblätter
2 g Angelikawurzel
2 g Enzianwurzel
2 g Melisseblätter
2 g Zitwerwurzel
2 g Piment
3 g Ingwerwurzel
4 g Zimtstange
4 g Kalmuswurzel
5 g Kamille
10 g Curaçaoschalen
10 g Zitronenschalen
15 cl Alkohol
70 cl Doppelkorn
15 cl Zuckersirup
Zuckerkulör

(Diese Drogen können Sie fertig gemischt beziehen, siehe Anhang.)

Wem dieser Bitter zu bitter ist, kann beliebig mit Doppelkorn oder Wodka und Zuckersirup »verdünnen«.

Halb und Halb

43 Vol.%

Ein Likör, der einmal eine ganz große Zeit hatte, speziell in Berlin und speziell hergestellt von einer bekannten Likörfirma. Schon 1852 brachte sie diesen Likör heraus, doch ihr Originalrezept wird sie wohl nie verraten. In alten Büchern finden wir verschiedene Rezepturen, von denen wir eine besonders schmackhafte Variante herausgesucht haben. Die Bezeichnung »Halb und Halb« bedeutet übrigens, daß hierbei ein gut ausgewogenes Verhältnis zwischen Süße und Bitterkeit vorherrscht. In Berliner Kneipen war es früher üblich, in diesen Likör noch ein paar Spritzer Bittere Tropfen zu geben, damit er herber wurde.

Apfelsinen und Zitronen hauchdünn schälen, so daß kein Weißes mehr daran ist. Die Gewürze grob zerstoßen und alles dann mit dem Alkohol, den Spirituosen und dem Wein übergießen. Zwei bis drei Wochen stehenlassen und hin und wieder umschütteln. Dann filtrieren und die Rückstände auspressen. Den Zuckersirup dazugeben, umrühren und einige Wochen stehenlassen. Dann abschließend filtrieren. Wenn gewünscht, mit Zuckerkulör (Seite 42) färben.

Für ca. 1 l Likör:
40 g Orangenschale
8 g Zitronenschale
6 g Angosturarinde
10 g Curaçaoschalen
3 g Kardamom
3 g Zimt
1 g Nelken
1 g Enzianwurzel
2 g Veilchenwurzel
½ g Galgantwurzel
16 cl Alkohol
20 cl Weinbrand
44 cl Wodka 40 Vol.% o. ä.
20 cl Madeira

(Die Drogen können Sie fertig gemischt beziehen, siehe Anhang.)

68. Hustenmittel.

10 g	Carragen	ℳ 0,01¼
10 „	Isländischen Moos	„ 0,01
¼ l	Wasser.	ℳ 0,02¼

Zubereitung: Die Zutaten werden auf die Hälfte eingekocht; das entstandene Gelee wird teelöffelweise in einer Tasse heißer Milch aufgelöst und getrunken.

Zeitdauer der Bereitung: 2½ Stunde.

69. Magenbitter.

Zutaten und Kosten (Vorrat).

45 g	Pomeranzenschale	ℳ 0,34½		Transport	ℳ 0,43
2 „	Engelsüßwurzel	„ 0,00½	2 g	ganzer Zimt	„ 0,00¾
4 „	Veilchenwurzel	„ 0,02	2 „	Muskatnuß	„ 0,00½
4 „	Wermut	„ 0,02½	1 l	Weingeist	„ 1,20
4 „	Tausendgüldenkraut	„ 0,01	1	Bogen Löschpapier	„ 0,02
4 „	Cardobenediktinerkraut	„ 0,02½	250 g	Zucker } geläutert	„ 0,14
	Transport	ℳ 0,43	⅛ l	Wasser }	ℳ 1,80¼

Zubereitung: Die Wurzelzutaten werden mit einem groben Tuch abgerieben, fein geschabt und mit den Kräutern und Gewürzen in ein Glas getan; der Weingeist wird daraufgegossen, das Glas zugebunden und in die Sonne gesetzt. Nach 3 Wochen gießt man die Flüssigkeit durch ein Löschpapier, mischt sie mit dem geläuterten Zucker und füllt sie in Fläschchen, welche man verkorkt und verlackt.

Zeitdauer der Bereitung: 3 Wochen.

Magenbitter-Rezept aus dem zur Jahrhundertwende erschienenen »ABC der Küche« von Hedwig Heyl. Die präzisen Angaben der Pfennigbeträge verlocken leicht zum Schmunzeln. Ein Pfennig war damals allerdings auch noch viel mehr wert.

Kurfürstlicher Magenbitter

36 Vol.%

Wie das berühmte Danziger Goldwasser wurde auch dieser Likör früher vornehmlich in Danzig hergestellt. Heute ist er nicht mehr so verbreitet. Wir haben aber aus einem alten Likörbuch ein interessantes Rezept aufgeschrieben, das nachzumachen lohnt.

Die Drogen im Mörser grob zerkleinern und im Alkohol und der Hälfte des Doppelkorns 14 Tage mazerieren (Seite 34). Dann filtrieren, den restlichen Doppelkorn zugeben, mit dem Zuckersirup süßen und mit etwas Zuckerkulör tiefbraun färben.

Für ca. 1 l Likör:
1 g Alantwurzel
2 g Ivakraut
5 g Enzianwurzel
6 g Zimtstange
6 g Nelken
10 g Curaçaoschalen
20 g getrocknete Pomeranzen
10 cl Alkohol
70 cl Doppelkorn
20 cl Zuckersirup
Zuckerkulör (Seite 42)

(Die Drogen können Sie fertig gemischt beziehen, siehe Anhang.)

In anderen Rezepten fanden wir noch weitere Zutaten, wie Kardamom, Ingwer, Bitterkleeblätter und Pomeranzenschalen.

Klosterlikör

37 Vol.%

Unter diesem Oberbegriff gibt es Dutzende von Rezepturen, die oft das wohlgehütete Geheimnis der Hersteller sind. Da finden wir den Benedictiner D.O.M., den Chartreuse, den Izarra oder den Ettaler Klosterlikör. Meist gibt es diese Liköre in zwei Alkoholstärken und in etwas unterschiedlichen Zusammensetzungen (grün und gelb). Die Qualität dieser Liköre werden wir zu Hause nicht erreichen können, da sehr komplizierte Herstellungsmethoden, verbunden mit langem Faßlager und vielen Kräutern, die Regel sind. Im Chartreuse soll der Extrakt von über 150 verschiedenen Kräutern enthalten sein, und nur 5 Mönche kennen das Geheimnis. Hier ist das Rezept für eine »Karthäuserlikör-Nachahmung« aus den zwanziger Jahren.

Die Drogen im Mörser grob zerstoßen und mit Cognac und Wodka zwei Wochen ausziehen lassen. Filtrieren und den Rum, Alkohol, Samos, Zuckersirup und Honig unter Rühren langsam dazugeben. Mit Zukkerkulör färben und einige Wochen stehenlassen. Dann noch einmal filtrieren.

Für ca. 1 l Likör:
1 g Selleriesamen
1 g Salbeiblätter
1 g Thymian
1 g Macis (Muskatblüte)
1 g Nelken
1 g Zimtstangen
2 g Kardamom
3 g Angelikasamen
5 g Angelikawurzel
5 g Kamillenblüten
5 g Wermutkraut
10 g Ysopblätter
10 g Pfefferminze
12 g Arnikablüten
20 g Zitronenmelisse
10 cl Cognac
8 cl Wodka
2 cl Rum
25 cl Alkohol
25 cl Samos, Madeira o. ä.
25 cl Zuckersirup
5 cl Honig
Zuckerkulör (Seite 42)

(Die Drogen können Sie fertig gemischt beziehen, siehe Anhang.)

Stonsdorfer

35 Vol.%

Der Stonsdorfer ist einer der berühmtesten Halbbitter. Ursprünglich ist er in Schlesien beheimatet, und zwar in Stonsdorf im Riesengebirge. »Echter Stonsdorfer« wird heute bei Hamburg hergestellt, die Firma darf die Bezeichnung »echt« weiterverwenden, weil sie schon vor dem Krieg in Stonsdorf beheimatet war. Jeder, der heute erst mit der Produktion anfängt, muß darauf verzichten. In diesem echten Stonsdorfer sind 43 Kräuter und Gewürze enthalten und viel Heidelbeersaft. Ganz so weit wollen wir nicht gehen, unser Rezept enthält nur 20 Würzzutaten.

Die Kräuter zerreiben und die Gewürze im Mörser zerkleinern. Dann alles in ein Gefäß geben, mit dem Alkohol, der Spirituose und dem Vermouth vermischen und gut verschlossen 10 Tage stehenlassen. Hin und wieder umschütteln, dann filtrieren und auch den Heidelbeersaft durch den Filter laufen lassen. Nun den Zuckersirup dazugeben, vermischen und einige Wochen ruhen lassen. Erneut filtrieren.

Für ca. 1,4 l Likör:
2 g Angelikawurzel
10 g Anis
1 g Bohnenkraut
4 g Chinarinde
5 g Curaçaoschalen
2 g Enzianwurzel
3 g Galgantwurzel
15 g Johannisbrot
3 g Koriander
3 g Lakritzen
2 g Nelken
2 g Pfefferminzblätter
8 g Pomeranzenschalen
2 g Piment
5 g Sternanis
2 g Thymian
2 g Zimt
4 g Zitwerwurzel
38 cl Alkohol
28 cl Doppelkorn o. ä.
10 cl Vermouth dry
24 cl Heidelbeersaft
40 cl Zuckersirup

(Die Drogen können Sie fertig gemischt beziehen, siehe Anhang.)

Von Distilliern.

Wie mann hitzigen Sonnenschein zuwegen bringe/ dardurch mancherley blůmen in wasser zu resoluiern/ welches wasser solcher blůmen geruch vnnd qualitet behaltet.

Ein holen feurspigel richt gegen der Sonnen / setz das glaß/ darinn die materi ist/ so du digeriern oder subtiliern wilt/ zwischē den Soñenschein vnnd den spigel/ also daß die radij odder Sonnenstreimen auß dem spiegel gerad auff das glaß stechen/ wie du hie fürgemalt sihest.

Gewürzliköre

Einige Gewürze aus der großen Vielfalt sind vorzüglich geeignet, zusammen mit den anderen wichtigen Bestandteilen Alkohol und Zucker, »wohltuende« Liköre daraus zu brauen. Das können sowohl reinrassige Liköre sein, wie z. B. ein Vanillelikör oder auch gemischte, wie das Danziger Goldwasser.
An anderer Stelle haben wir schon einiges über die Gewürze gesagt (Seite 28). Anzumerken ist noch, daß Gewürzliköre – sicher zu Unrecht – ein wenig in Vergessenheit geraten sind. In einem Fachbuch findet man als Grund dafür die Angabe, daß sie »heute infolge einer veränderten Geschmacksrichtung des Publikums nur noch von untergeordneter Bedeutung« sind. Dies mag vielleicht für Angelika-, Ingwer-, Muskat-, Nelken- und Zimtlikör zutreffen, bestimmt aber nicht für die Anisliköre wie Pernod und Raki, die sich immer größerer Beliebtheit erfreuen (ihres starken Aromas wegen allerdings mit Wasser verdünnt getrunken werden).

Danziger Goldwasser

35 Vol.%

Dieser bekannte Likör, der besonders durch die darin schwebenden Blattgoldteilchen auffällt, ist zwar nicht leicht herzustellen, wir wollen aber für die »Fortgeschrittenen« das Rezept wiedergeben. Voraussetzung ist allerdings ein Destilliergerät.

Die Drogen und Gewürze werden grob zerkleinert und in dem Alkohol/Wassergemisch 4–5 Tage ausgezogen. Dann filtrieren und den Auszug destillieren. Ab 60% Destillatstärke Teilmengen auffangen und geschmacklich immer wieder kontrollieren, bis der unbrauchbare Nachlauf kommt (Seite 38). Dieses Destillat wird nun mit den Spirituosen, dem Zuckersirup und Rosenwasser unter Rühren vermischt. Dann kommt etwas zerzupftes Blattgold dazu.

Für ca. 0,7 l Likör:
1 g Muskatblüte (Macis)
1 g Kardamom
2 g Koriander
2 g Zimtstange
5 g Wacholderbeeren
1 g Anis
1 g Kalmus
1 g Kümmel
1 g Lavendel
1 g Selleriesamen
2 Nelken
10 g Zitronenschale
11 cl Alkohol
9 cl Wasser
20 cl Kirschwasser
20 cl Doppelkorn
18 cl Zuckersirup
2 cl Rosenwasser
etwas Blattgold

Bei diesem Likör ist es besonders wichtig, ca. 10% des Zuckersirups durch Glukosesirup zu ersetzen, damit die Blattgoldteilchen im Glas länger in der Schwebe bleiben.

Rezepte für Goldwasser und Persico aus einem alten handschriftlichen Rezeptbüchlein des 18. Jahrhunderts. ▷

Goldwasser N: 1.

Rp: Cort: Citri ℥viii
— Aurant: ℥ij
Cass: lineam: ℥viii
Nuc: Moschat: ℥vi
Caryophillor ℥iv
Cardamom ℥iii
Anisi: stellat ℥i
Flor Lavendul
Sem: Coriandri
Bacc: Juniper ana ʒvi
Flor: Rosar: infab: ℥ii
Spir: vini bon Mass x
Sacchar: albi ℔ viiii
M. f. 18 Kannen

Persico

Rp Amigdal: amar ℔ iiii
Cinnamom
Caryophillor
Anis: stelat
Nuc. Moschat ana ℥i
Sp vini a bon Mass x
Sacchar: ℔7

Ingwerlikör

28 Vol.%

Entweder man mag Ingwer oder man mag ihn nicht. Es gibt kaum Zwischenstufen der Zuneigung zu dieser äußerst anregenden fernöstlichen Wurzel. Man bekommt frische Ingwerwurzeln heute fast immer, und so können wir auch jederzeit diesen ein wenig aus der Mode gekommenen Likör zubereiten.

Da in der Wurzel gewisse Harze enthalten sind, die den Likör trüben und die auch unerwünschte Geschmacksstoffe (seifig) enthalten, müssen die Wurzeln zunächst vorbereitet werden. Dazu schneidet man sie so klein wie irgend möglich und übergießt sie mit 1 Tasse kochend heißem Wasser, in dem vorher doppeltkohlensaures Natron gelöst wurde. Nach zwei Tagen gibt man die Wurzeln in ein Sieb und spült sie gründlich mit Wasser aus. Dann preßt man das Wasser weitgehend heraus, gibt die Wurzeln in eine Flasche und übergießt sie mit der Spirituose. Ca. 10 Tage ziehen lassen, dann filtrieren und den Zuckersirup untermischen. Nach einigen Wochen erneut filtrieren.

Für 0,7 l Likör:
60 g frischer Ingwer
10 g doppeltkohlensaures Natron
52 cl Weinbrand oder Cognac
18 cl Zuckersirup

Eine ansprechende Variante erhält man, wenn man 7 cl des Weinbrandes durch Rum ersetzt und 5 cl Zuckersirup durch Honig. Ingwerlikör ist besonders lange haltbar.

Kümmellikör

ca. 31 Vol.%

Der Kümmellikör gehört ebenfalls zu den altmodischen Likören, die einmal sehr große Bedeutung hatten und speziell zu den Lieblingsgetränken der Berliner gehörten. Heute sind sie nicht mehr so bekannt, aber man versucht, ihnen durch Reduzierung des Zuckergehaltes wieder eine größere Bedeutung zu verschaffen. Je nach Alkoholgehalt kennt man verschiedene Arten, z. B. den Berliner Kümmel, den Allasch und den Eis- oder Kristallkümmel. Ein Kümmelmazerat ist nicht gut brauchbar, deshalb müssen wir für ein gutes Ergebnis destillieren.

Zunächst stellen wir ein reines Kümmeldestillat her, von dem man später ganz nach Geschmack etwas verwenden kann. Dazu läßt man die Kümmelkörner zunächst 24 Stunden in Wasser aufquellen. Das Wasser wird dann entfernt, und nun werden die Körner in dem Alkohol mit frischem Wasser zwei Tage mazeriert. Die abgegossene Flüssigkeit wird dann destilliert, bis ein etwa 60% starkes Destillat herausläuft. Danach lösen sich unangenehm schmeckende Stoffe und man sollte hin und wieder probieren, um diesen Zeitpunkt nicht zu verpassen.
Gesondert stellt man eine Mischung aus der Spirituose mit Zuckersirup her und aromatisiert diese nach Geschmack mit dem Kümmeldestillat (etwa 6 bis 10 cl).

Für ca. 0,75 l Likör:
100 g Kümmelkörner
14 cl Alkohol mit
6 cl Wasser
45 cl Wodka oder Doppelkorn
20 cl Zuckersirup

Den Geschmack kann man noch verfeinern, indem man etwas Koriander, Fenchel, Anis und Zitronenschale mit ausziehen läßt.

Nelkenlikör

28 Vol.%

Dieser kaum bekannte Likör ist nicht nur pur getrunken ein herrlicher Genuß, er eignet sich auch vorzüglich zum Aromatisieren von Backwerk, Obstsalat und anderen Süßspeisen. Ganz genauso kann man übrigens auch einen Zimt- und Muskatlikör herstellen. Ob Ihnen diese Varianten zusagen, sollten Sie allerdings erst mit einer kleinen Versuchsmenge feststellen. Reduzieren Sie dazu einfach beliebig die angegebenen Mengen auf z. B. 1/4 oder sogar nur 1/10.

Die Nelken werden drei bis vier Tage in der Spirituose ausgezogen. Dann filtrieren und den Zuckersirup dazugeben.

Für 1 l Likör:
10 g Gewürznelken
70 cl Wodka oder Doppelkorn
30 cl Zuckersirup

Den Wodka kann man auch beliebig durch Kirschwasser ersetzen, ebenso ist der Zusatz von Kirschsaft empfehlenswert. Um den Alkoholgehalt des Likörs zu halten, sollte man dann aber noch knapp die gleiche Menge Alkohol zugeben. Etwas Anis, Fenchel, Koriander, Veilchenwurzel und Süßholz runden das Aroma ab.

Für den *Muskatlikör* verwendet man geriebene Muskatnuß und Muskatblüte (Macis); insgesamt etwa 20 g. Hier runden Anis, Orangenschale, Kardamom, Nelken, Rosmarin, Zimt und Zitronenschale – in kleinen Mengen, versteht sich – das Aroma ab.

Der *Zimtlikör* wird mit grob zerstoßenem feinem Ceylonzimt (Caneel), etwa 20 g, hergestellt und mit etwas Vanilleschote verbessert.

Pfefferminzlikör

31 Vol.%

Ein paar Liköre kann man vorzüglich aus gartenfrischen Kräutern herstellen. Natürlich muß es sich um aromastarke Sorten handeln, und außerdem sollten die Kräuter möglichst vor der Blütezeit geerntet werden. Oft findet man in Kräuterbüchern auch die Anweisung, Kräuter morgens zu pflücken, da sie dann besonders aromatisch sein sollen. Wir haben keine diesbezüglichen Vergleiche vorgenommen, aber einleuchtend ist es schon, daß die Sonne etwas von den wertvollen Säften im Laufe des Tages herauszieht.

Die frischen Pfefferminzblätter werden vorsichtig gewaschen und mit Küchenkrepp trocken getupft. Dann übergießt man sie in einem weithalsigen Glas mit dem Alkohol und läßt den Ansatz unter mehrmaligem Schütteln 10 Minuten stehen. Am besten ist es, den Zuckersirup mit dem Wasser zu mischen und versuchsweise 2 cl davon mit 1 cl Alkoholauszug zu verrühren. So kann man probieren, ob die Pfefferminzblätter noch länger ziehen dürfen.
Der Alkohol wird schließlich abfiltriert und mit der Zuckersirup/Wasser-Mischung unter ständigem Rühren verbunden. Nach einigen Wochen endgültig filtrieren. Dunkel aufbewahren.

Für ca. 0,7 l Likör:
2 Handvoll Pfefferminzblätter
23 cl Alkohol
27 cl Wasser
20 cl Zuckersirup

Wer keine Pfefferminzblätter zur Verfügung hat, kann den Likör auch mit 0,6 g echtem Pfefferminzöl bei sonst unveränderten Zutaten mischen. 2 Tropfen Speisefarbe geben dem Likör dann die erwünschte grüne Farbe.

Rosmarinlikör

27 Vol.%

Sicherlich der ungewöhnlichste Likör in unserem Buch. Wir haben ihn aus der Versenkung geholt. Bis zum ersten Weltkrieg taucht er noch hin und wieder in Rezeptsammlungen auf, dann aber ist er kaum noch zu finden. Wir haben ein Rezept aus dem Jahre 1863 ausprobiert, ein wenig abgewandelt und können es zur Nachahmung empfehlen, wenn Sie ein wenig Spaß an ganz seltenen Likören haben, die es nicht mehr im Handel gibt.

Die Rosmarinnadeln mit dem Majoran, dem Anis und der Muskatblüte in der Spirituose 3–4 Tage lang einlegen und anschließend abfiltrieren. Den gewonnenen Extrakt dann mit dem Zuckersirup vermischen und einige Wochen stehen lassen, eventuell noch einmal filtrieren oder abziehen.

Für 1 l Likör:
30 g Rosmarinnadeln (frisch)
4 g Majoran
2 g Anis
1 g Muskatblüte (Macis)
70 cl Gin oder Aquavit
30 cl Zuckersirup

Einen kleinen Teil des Gins kann man auch durch Wacholder ersetzen. Wer bei seinen Likören ein gewisses Farbspiel mag, der sollte diesmal in Richtung Grün gehen.

Sellerielikör

27 Vol.%

Selleriebowle findet ja ebenso wie Gurkenbowle Freunde unter den Liebhabern nicht alltäglicher Bowlen. Daß man aber auch einen originellen Sellerielikör herstellen kann, ist kaum bekannt. Wer also seine Gäste einmal mit einem ganz außergewöhnlichen, dabei leicht herzustellenden Likör erfreuen und überraschen möchte, sollte einen Versuch wagen.

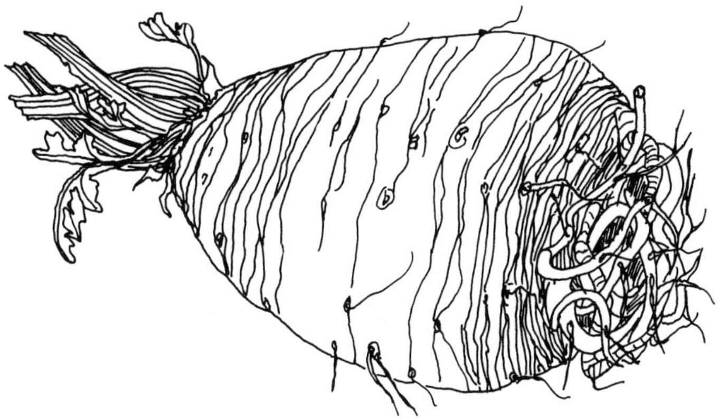

Die Sellerieknolle sauber schälen und fein reiben oder hobeln. Dazu kommen die im Mörser zerstoßenen Selleriesamen; beides mit der Spirituose übergießen und eine Woche stehen lassen. Danach filtrieren, die Reste gut auspressen und den Zuckersirup dazugeben. Nach einigen Wochen der Reife erneut filtrieren oder abziehen.

Für 1 l Likör:
100 g Sellerieknolle (geputzt)
10 g Selleriesamen
70 cl Doppelkorn, Wodka oder Gin
30 cl Zuckersirup

Wenn Sie ein etwas zarteres Selleriearoma bevorzugen oder erst einmal die richtige Mischung probieren wollen, dann setzen sie den Sellerie erst mit einem Teil der Spirituose an und verwenden zunächst nur etwas von diesem Auszug mit der restlichen Spirituose. Ganz nach Geschmack können Sie dann immer noch etwas Extrakt zum fertigen Likör hinzugeben.

Vanillelikör

32 Vol.%

Ein Likör, der recht einfach herzustellen ist, und in dem das unverwechselbare Aroma, der zauberhafte Duft der Vanille, jener Samenschote einer exotischen Orchidee, so wundervoll zum Ausdruck kommt. In einigen unserer Liköre haben wir die Vanille als ergänzende Zutat verwendet, diesmal wollen wir sie rein und allein genießen. Wir verzichten auch auf Zusätze von Nelken und Zimt, wie man sie in manchen Rezepten vorgeschrieben findet. Natürlich gibt es verschiedene Qualitäten auch bei der Vanille. Man sollte grundsätzlich die beste nehmen, das ist die Bourbon-Vanille.

Die Vanilleschoten werden in kleine Stücke geschnitten. Dann bringt man den Zuckersirup zum Kochen und läßt die Vanille darin eine bis zwei Minuten aufwallen. Nach dem Erkalten den Alkohol und die Spirituose unter Rühren dazugeben, auf Flaschen füllen und einige Wochen stehenlassen. Dann filtrieren.

Für ca. 0,7 l Likör:
3 große Vanilleschoten
20 cl Zuckersirup
10 cl Alkohol
40 cl Korn oder
Klarer 32 Vol.%

Zu einem guten Ergebnis kommt man auch, wenn man die Vanilleschoten einfach zwei bis drei Tage im Alkohol ausziehen läßt, dann filtriert und die Zutaten vermischt.

Wacholderlikör

32 Vol.%

Die Wacholderbeere ist die Basis vieler bekannter Schnäpse. Da gibt es nicht nur die reinen Wacholderbranntweine und Wacholdergeiste, auch der Geschmack des Steinhägers, des Gins und des Genevers beruhen weitgehend auf Wacholder (der Name dieser beiden letztgenannten Schnäpse kommt von der lateinischen Bezeichnung Juniperus). Daß man mit Wacholderbeeren auch einen recht originellen Likör herstellen kann, ist nicht allzu bekannt.

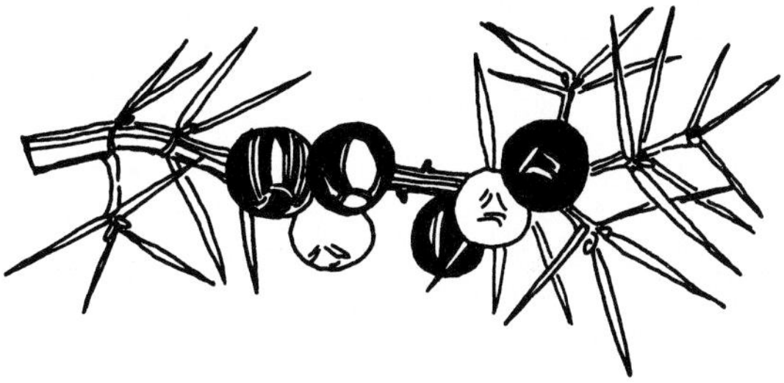

Die Wacholderbeeren im Mörser grob zerstoßen und mit dem Alkohol etwa 12 Stunden ausziehen lassen. Dann filtrieren und den Auszug mit dem Zuckersirup und der Spirituose unter Rühren vermischen. Einige Wochen stehenlassen, dann eventuell erneut filtrieren. Zur »Dekoration« kann man noch ein paar Beeren und etwas Zitronenschale in die Flasche geben. Auch sollte man den Likör mit Zuckerkulör (Seite 42) ein wenig färben.

Für ca. 0,7 l Likör:
50 g Wacholderbeeren
9 cl Alkohol
24 cl Zuckersirup
37 cl Wacholder oder
Korn 32 Vol.%

Das Wacholderaroma ist so stark, daß man noch weitere Gewürze zur Abrundung des Aromas mit ausziehen lassen kann. Da bieten sich besonders Zimt, Koriander und Lavendelblüten an. Der Likör sollte nicht zu lange lagern. Er schmeckt frisch am besten.

Ingwer Likör

Die »besonderen« Liköre

Unter diesem etwas weitreichenden Begriff wollen wir alle Liköre nennen, die nicht zu den Frucht- oder Kräuterlikören gehören, und die auf Grund ihrer Art oft nicht alltäglich sind. Da haben wir einmal die »anregenden« Liköre, in denen *Kaffee, Tee* und *Kakao* verarbeitet wurden. Speziell das Koffein tut hier zu der bekannten Wirkung des Alkohols ein übriges und macht die Liköre zu wahren Wohltätern. *Teelikör* ist recht unbekannt, kann aber ausgezeichnet schmecken.

Weiterhin gehören *Nuß- und Mandelliköre* dazu, die in den letzten Jahren viele Freunde gewonnen haben. Nicht zuletzt wohl auch wegen der unübersehbaren Werbung der einschlägigen Spirituosenindustrie Italiens für diese Likörvarianten.

Wer kennt nicht den *Honiglikör,* der meist nach alten ostpreußischen Rezepten unter dem Namen *Bärenfang* hergestellt wird. Immerhin sind bei Industrieerzeugnissen 25 kg Honig auf 100 l Likör vorgeschrieben. Davon erhält der leicht herzustellende Likör sein ganz typisches Aroma.

Ein größeres Feld nehmen schon die *Emulsionsliköre* ein, speziell der *Eierlikör,* der bei uns zu den beliebtesten Likören überhaupt zählt. Bei Varianten spielen auch noch *Sahne, Schokolade, Nougat* und *Mokka* eine Rolle. Immer aber sind diese Liköre besonders dickflüssig. Man kann sie meist recht einfach »mixen«, allerdings sind sie auch nicht ewig haltbar und setzen gerne Eiöl ab oder entmischen sich. Doch wenn sie gut sind, werden sie erfahrungsgemäß ohnehin in kürzester Zeit ausgetrunken.

In den gesetzlichen Vorschriften findet man als besonderen Likör immer noch den *Cordial Médoc.* Ein Likör, der früher recht bekannt war, der aber heute keine große Bedeutung mehr hat. Es ist ein sogenannter »Weinhaltiger Likör«, den wir – weil er es wirklich verdient – in unsere Rezepte mit aufgenommen haben.

◁ *Ingwerlikör, Seite 100*

Bärenfang

32 Vol.%

Auf gut deutsch also Honiglikör. Doch Bärenfang klingt ja viel besser, und so haben wir uns auf diesen Namen geeinigt. So wie es viele verschiedene Honigsorten gibt, ganz abhängig von den Blüten, die von den Bienen »angezapft« wurden, so kann natürlich auch jeder Honiglikör anders ausfallen. Empfehlenswert ist es, eine erstklassige Qualität zu verwenden, wobei Lindenblüten- oder Heidehonig ebenso wie Raps- und Akazienhonig die besten Ergebnisse bringen. Ein Problem sind die entstehenden Trübstoffe, die man nur durch längeres Lagern und anschließendes Abziehen beseitigen kann.

Den flüssigen Honig mit dem Wodka gut vermischen. Dann am besten einige Wochen im Kühlschrank stehenlassen und anschließend filtrieren. Noch besser ist es, den klaren Teil abzuziehen und den trüben Rest in der Küche (z. B. zur Aromatisierung von Obstsalat) zu verwenden.

Für ca. 0,7 l Likör:
14 cl Honig
56 cl Wodka

Je nach Honigart wird der Bärenfang mehr oder weniger dunkel sein. Man kann ihn aber gut mit Zuckerkulör (Seite 42) oder Safranauszug (Seite 43) färben. Wer mag, kann während der Lagerzeit auch noch eine Zimtstange und etwas dünn geschälte Zitronenschale dazugeben. (Eigentlich sollte Bärenfang 35 Vol.% haben. Wer das will, muß 5 cl des Wodkas durch 5 cl Alkohol ersetzen.)

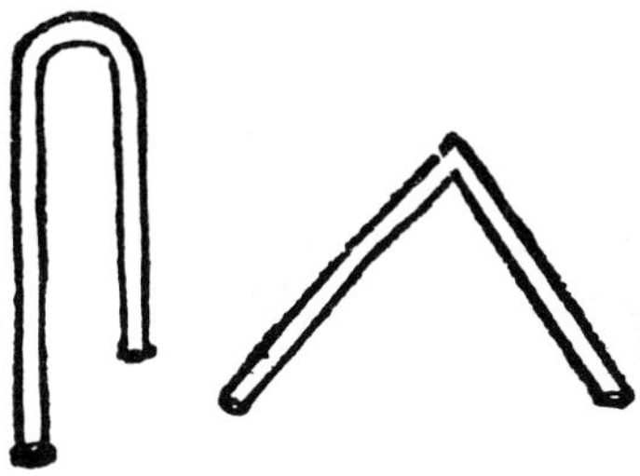

Von wasserziehern.

Oder aber brauch solche Wasserzieherlin / diser hieneben gesetzten gestalt einer / das fülle voll wasser / stecks mit dem kürtzesten theyl in obgemelt gefeß / darinn das wasser ist / laß also außlauffen / so zeucht es das warm wasser alles hernach / dann füll es wider mit kaltem.

Mancherley külungen.

Andere ziehen ein grosse Rindsblasen vber den Helm / bindens vnden wol darũb / am hals des Alembics / füllen sie voll wassers / lassens auch / wann es zuwarm ist / mit eim angebundenen zäpfflin ab / wie du hie sihest.

Dise külungen alle / dienen wol / wo mann zarte vnd reine Simplicia / als von blůmen / kreütern / wurtzeln / früchten / ⁊c. Oder Simplicia / als Krafftwasser / Aqua uitæ, vnnd scheydung der Quintæ essentiæ, vñ dergleichen abziehen wil.

Serpentinen der weinbrenner.

Es sollẽ auch die Spiritus des Weins võ der vnmessigen hitz / vñ erbrennung solcher geyster / abgezogen werden. Darzů dañ die gemeynẽ Weinbrẽner mancherhãd küpfferin rörlin / võ jrer krüm̃e wegen Serpentinen genãt / im brauch habẽ / in die wassergschirr zum abkülen einzulegen / Solcher gestalt / wie du folgends etliche nach einander sihest.

Cordial Médoc

36 Vol.%

Ein sehr »geschmackvoller« Likör unserer Großeltern, der heute im Handel so gut wie gar nicht mehr zu finden ist. Der Begriff Cordial bedeutet im eigentlichen Sinne herzstärkend, und in Amerika und England wird darunter oft allgemein Likör verstanden. Médoc weist auf den berühmten Bordeauxwein hin, von dem, sowohl vom weißen als auch vom roten, oft ein gewisser Anteil mit verwendet wurde. Besonders wichtig ist die Verwendung von Weinbrand oder Cognac, der dem Likör die typische Art verleiht. Außerdem ist dieser Likör ziemlich hochprozentig.

In dem Alkohol, dem man die Hälfte des Weinbrandes beigibt, läßt man die Backpflaumen und die Veilchenwurzeln 10 Tage ziehen (eher noch etwas länger). Dann filtrieren, den restlichen Weinbrand, den Madeira, den Bordeaux und den Zuckersirup dazugeben. Gut durchmischen, einige Wochen stehenlassen und erneut filtrieren.

Für ca. 1,4 l Likör:
20 cl Alkohol
15 Backpflaumen
3 g Veilchenwurzel
70 cl Weinbrand/Cognac
20 cl Madeira
10 cl Bordeauxwein rot
20 cl Zuckersirup

Zur weiteren Abrundung kann man zum Ausziehen dem Alkohol noch 1/2 Vanilleschote, 50 g Sultaninen, etwas Anis, Koriander, Muskat, Nelken und Zimt beigeben.

Eierlikör

20 Vol.%

Dieser Lieblingslikör der bundesdeutschen Likörgemeinde darf natürlich in der häuslichen Likörbereitung keinesfalls fehlen. Er ist einfach immer wieder bestechend in seiner cremigen Art, seiner natürlichen gelben Farbe, seinem vollmundigen Geschmack. Außerdem ist Eierlikör auch die Basis für ein paar besonders leckere Varianten mit z. B. Schokolade, Nüssen oder Sahne.

Die Eigelbe (von möglichst frischen Eiern) sorgfältig vom Eiweiß und den Keimscheiben trennen, dann das Eiweiß dazugeben und mit dem Handmixer zerrühren. Da Eier in der Größe sehr verschieden ausfallen, haben wir übrigens keine Stückzahlen angegeben, sondern cl, wie auch bei den anderen flüssigen Zutaten. (Das nicht benötigte Eiweiß kann man – falls erwünscht – für Backwerk einfrieren.) Jetzt den Zukker dazugeben und danach unter Rühren in einem feinen Strahl die Spirituose. Den Topf, in dem dies geschieht, in ein heißes (nicht kochendes) *Wasserbad* stellen und unermüdlich mit dem Mixstab quirlen. Der Likör sollte sich auf ca. 58° C erhitzen (keinesfalls über 60° C). Dabei wird er etwas dickflüssiger. 10–30 Minuten sollte dies dauern. Dann den Topf in kaltes Wasser stellen und unter weiterem Rühren abkühlen. Danach kann man ihn abfüllen.

Für ca. 0,7 l Likör:
27 cl Eigelb (ca. 15–20 Eier)
3 cl Eiweiß
100 g Zucker
35 cl Wodka 40 Vol.%

Zur Verfeinerung empfiehlt es sich, etwas Vanillezucker oder -extrakt dazuzugeben, auch etwas Kondensmilch, Kirschwasser oder Weinbrand. Eierlikör hält sich nicht »ewig«. Er schmeckt auch frisch bereitet am besten.

Eierlikör-Variationen

Von dem auf Seite 113 beschriebenen Eierlikör kann man eine Reihe schmackhafter Varianten herstellen. Da das Aroma des Eierlikörs so zart ist, eignet er sich besonders als »Träger« anderer Geschmacksstoffe.

Eierschokoladenlikör

Dem Eierlikör wird kurz vor der Fertigstellung im Wasserbad noch 1 Tafel vorher geschmolzene Vollmilchschokolade zugegeben. Damit der Alkoholgehalt dadurch nicht unter 20 Vol.% absinkt, muß außerdem in feinem Strahl noch 5 cl Wodka o. ä. hinzugefügt werden. Bis zum völligen Abkühlen mit dem Mixstab rühren.
Natürlich kann man auch andere Schokoladensorten verwenden, z. B. Mokka-, Halbbitter- oder Bitterschokolade, falls man die herbe Richtung vorzieht. Ebenso kann man Schokoladensirup verwenden. – Nicht zu lange aufheben.

Eierhaselnußlikör

Wenn unser Eierlikör im Wasserbad mit dem Mixstab gerührt wird, geben wir noch 100 g sehr fein gemahlene Haselnüsse dazu. Natürlich sollten es möglichst frische, gerade gemahlene Nüsse sein. Wenn man schon gemahlene Nüsse kauft, kann es leicht passieren, daß sie ranzig sind. Vor dem Eingießen den Likör immer gut durchschütteln. – Bald verbrauchen.

Eiermokkalikör

Hierzu wird dem fertigen, noch im Wasserbad befindlichen Likör nach Geschmack Kaffeepulver beigegeben. Wenn man hin und wieder eine Probe entnimmt, kann man die Dosierung ganz genau abpassen.

Kaffeelikör

30 Vol.%

Mit diesem beliebten Likör kann man gleich eine doppelte Anregung erhalten, einmal durch das im Kaffee enthaltene Koffein und zum anderen durch den Alkohol. Wie auch beim Kaffee selbst kann man hier für sich entscheiden, wie stark der Likör sein soll. Von »Blümchen« bis Mokka ist alles möglich, und wer seinen Kaffee üblicherweise mit Sahne trinkt, kann sie auch diesem Likör zugeben. Es sollte aber echte, süße Sahne sein. Man sollte sie auch immer erst dann dazugeben, wenn man ihn gerade trinken möchte, da er sonst leicht unansehnlich wird. Man kann ja wie bei einer Kaffeetafel die Sahne extra reichen, und jeder gibt sich soviel ins Glas, wie er mag. Unser Rezept ist auf einen mittelstarken Likör abgestimmt. Mokkalikör wird genauso gemacht, man erhöht nur die Menge des gemahlenen Kaffees.

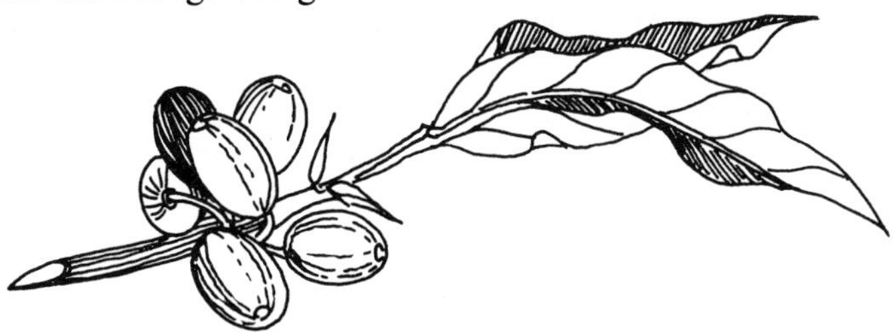

Den fein gemahlenen Kaffee – er sollte besonders frisch sein – und das Kakaopulver in einen Kaffeefilter geben und mit sprudelnd kochendem Wasser übergießen, bis die angegebene Menge durchgelaufen ist. Nach dem Erkalten den Zuckersirup und Alkohol unter Rühren dazugeben. Einige Zeit stehenlassen und filtrieren.

Für 0,7 l Likör:
30 cl Kaffee (aus 70 g Kaffee und 20 g Kakao)
18 cl Zuckersirup
22 cl Alkohol

Empfehlenswert ist es, zwei bis drei Tage vorher im Alkohol 1/2 Stange Vanille (aufgeschlitzt), 1/4 Stange Zimt und eine Prise Muskat ausziehen zu lassen.
Für diesen Likör ist die Verwendung von Glukosesirup besonders angebracht, da er sonst leicht »wässerig« wirkt (Seite 21).

Kakaolikör

24 Vol.%

Von den zwei bekannten Arten des Kakaolikörs können wir nur den dunklen herstellen. Der, dem echte Schokolade oder Kakaopulver zugrunde liegt. Es gibt ja außerdem noch den wasserklaren Kakaolikör, der das reine Destillat aus mazerierten Kakaobohnen, Kakaokeimen oder entfettetem Kakaopulver ist. Für diese Destillation benötigt man jedoch ein etwas größeres Destilliergerät.
Kaum ein Likör ist schneller und einfacher zu zaubern als Kakaolikör. Die Industrie liefert Produkte, die uns dies ermöglichen. Der langwierige und komplizierte Weg, den man in Rezepten unserer Altvordern findet, bringt kaum bessere Ergebnisse.

Das Instantpulver wird mit der Spirituose und dem Zuckersirup gut durchgeschüttelt und fertig ist der Likör.

Für ca. 0,7 l Likör:
150 g Kakao-Instantpulver
(200 g Schokoladen-Instantpulver)
45 cl Doppelkorn 38 Vol.%
25 cl Zuckersirup
(10 cl Zuckersirup)

Dieses wohlschmeckende Grundrezept kann man natürlich noch verfeinern:
Tip Nr. 1 ist, eine aufgeschlitzte Vanilleschote ein paar Tage lang in der Spirituose oder besser in etwas Alkohol ausziehen zu lassen.
Tip Nr. 2: Außerdem noch einen Teelöffel Kardamom und 4–5 Gewürznelken (vorher im Mörser zerstoßen) dazugeben. Den Gewürzextrakt muß man natürlich vor der Weiterverarbeitung filtrieren.
Vor dem Einschenken sollte man den Likör immer sehr gut durchschütteln.

Orangenblütenlikör

27 Vol.%

Ein wundervoll duftender Likör, den man sich am besten aus dem Urlaub gewissermaßen im Rohzustand mitbringt, um ihn dann später zu Hause richtig fertigzustellen. In südlichen Urlaubsländern wird oft eine reichhaltige »Ernte« von Orangenblüten fast das ganze Jahr über möglich sein. Wenn Sie also durch einen Orangenhain ziehen und den verführerischen Duft riechen, dann sollten Sie unbedingt zugreifen.

Die Organgenblüten in eine Flasche geben und mit der Spirituose übergießen; zwei bis drei Wochen ziehen lassen, dann filtrieren und den Zuckersirup dazugeben, eventuell später erneut abziehen oder filtrieren und nach Wunsch gelblich färben.

Für 1 l Likör:
3–4 Handvoll Orangenblüten
70 cl Wodka oder Doppelkorn
30 cl Zuckersirup

Noch feiner wird dieser Likör, wenn man etwas hauchdünn geschnittene Orangenschale mit ausziehen läßt; auch kann man einen Teil des Wodkas durch Weinbrand (Brandy) ersetzen. Sollten Sie im Ausland keinen Wodka bekommen, konservieren Sie die Blätter einfach mit 1/3 der Menge Brandy (den es wohl überall gibt) und füllen Sie zu Hause den Wodka nach.

Rosenlikör

27 Vol.%

Wer mag nicht den herrlichen Duft der Rosen, und muß es nicht etwas ganz Besonderes sein, diesen Duft einzufangen und in Form eines feinen aromatischen Likörs dann auch über die Zunge und den Gaumen fließen zu lassen? Rosenaromen spielen in einigen Likören schon eine gewisse Rolle, zum Beispiel im Danziger Goldwasser, doch einen reinen Rosenlikör wird es kaum fertig zu kaufen geben. Eine große Chance für die häusliche »Fabrikation«. Bei der Auswahl der Rosen achte man allerdings auf besonders duftende Sorten. Viele der Neuzüchtungen zeichnen sich zwar durch eine vollendete Farbenpracht und große Haltbarkeit in der Vase aus, doch der Duft läßt meist zu wünschen übrig.

Die Rosenblütenblätter in eine weithalsige Flasche geben und mit der Spirituose übergießen; gut verschlossen drei bis vier Wochen stehen lassen, dann abfiltrieren und mit dem Zuckersirup süßen. Nach einigen Wochen der Ruhe eventuell noch einmal filtrieren und nach Wunsch mit Grenadinesirup rötlich färben.

Für 1 l Likör:
3–4 Handvoll Rosenblütenblätter
70 cl. Doppelkorn, Klarer oder Wodka
25 cl Zuckersirup
evt. 5 cl Grenadinesirup

5–10 cl der Sprituose kann man zur Geschmacksverbesserung durch Kirschwasser ersetzen.

Tannenspitzenlikör

26–32 Vol.%

Wer Spaß an ausgefallenen Likören findet, kann sich einmal an den Tannenspitzenlikör wagen, den uns eine Förstersfrau übermittelte. Man stellt ihn im Frühjahr her, wenn die ersten jungen Triebe der Tannen herausschauen. Bei der »Ernte« sollte man allerdings nicht zu rabiat vorgehen, damit die Bäume nicht allzuviel leiden. Von jeder Tanne nimmt man am besten nur ein kleines Spitzchen (möglichst auch aus dem eigenen Garten).

Die jungen hellgrünen Triebe waschen und mit Küchenkrepp gut abtrocknen. Dann in eine weithalsige Flasche geben, mit der Spirituose übergießen und den Zucker dazugeben. Hin und wieder umschütteln und nach 3–4 Wochen, wenn die Spitzen ausgeblichen sind, filtrieren.

Für ca. 0,85 l Likör:
Junge Tannenspitzen (eine knappe Handvoll)
70 cl Gin, Klarer oder Korn
150 g Zucker

Noch »waldiger« wird dieser Likör, wenn man einige Wacholderbeeren dazugibt. Und wer schon in Griechenland war und den Retsina schätzen gelernt hat, sollte noch einen halben Teelöffel frisches Harz von Tannenbäumen in den Auszug geben.

Teelikör I

28 Vol.%

Dieser besonders feine Likör verdient viel mehr Aufmerksamkeit, als er im Augenblick genießt. Er ist nicht nur sehr leicht herzustellen, man kann im Grunde auch viele verschiedene Sorten davon zaubern – so wie es Dutzende von Teesorten gibt. Ja, sogar die modernen »parfümierten« Tees (die der wahre Kenner wohl meist ablehnen wird) sind geeignet, daraus Likör zu machen. Er schmeckt dann eben außer nach Tee auch z. B. nach Pfirsich, Veilchen, Gewürzen, Orangen oder sogar nach Kokosnuß.

Der Tee wird zunächst im Mörser ziemlich fein zerstampft (falls er nicht schon von Hause aus so fein ist, wie beispielsweise der Windsor Castle). An das richtige Aroma – der Likör darf nicht bitter werden – muß man sich nun gewissermaßen herantasten.
Zunächst wird der Tee in eine weithalsige Flasche gegeben und mit der Spirituose übergossen. Vier Minuten unter gelegentlichem Schütteln ziehen lassen, dann abseihen und den Zuckersirup untermischen. Jetzt probieren. Will man das Aroma noch verstärken, gibt man die Teeblätter einfach noch mal in den Likör und probiert alle 1/2 Minute, indem man sich ein kleines Schlückchen durch ein Teesieb abgießt. Selbst wenn er noch nicht klar gefiltert ist, kann man so genau das Aroma kontrollieren. Natürlich muß man aufpassen, denn schnell kann der Likör bitter werden. Wenn man zufrieden ist, wird filtriert, eventuell nach einigen Wochen der Ruhe noch einmal.

Für ca. 0,7 l Likör:
50 cl Wodka 40 Vol.%
50 g Schwarzer Tee
21 cl Zuckersirup

Wer noch zusätzlich würzen möchte, kann in wenig Alkohol Vanille, Zimt oder Zitronenschale ausziehen und ein paar Tropfen nach Geschmack dazugeben.

Teelikör II

25 Vol.%

Eine Variante des beschriebenen Teelikörs wird mit einem aufgebrühten Tee, so wie wir ihn üblicherweise zubereiten, hergestellt. Es gibt Kenner, die meinen, daß durch den heißen Aufguß noch ein paar andere Aromen frei werden, die man sonst nicht gewinnen würde. Nun, das ist ja durchaus einzusehen. Vielleicht probieren Sie beide Arten einmal selbst und entscheiden dann, welcher »Ihr« Likör wird.

Einen starken Teeaufguß machen, aber nur kurz ziehen lassen, damit er keinesfalls bitter wird. Nach dem Abkühlen mit dem Alkohol und Zuckersirup unter Rühren mischen.

Für ca. 0,7 l Likör:
36 cl starker Teeaufguß
18 cl Alkohol
16 cl Zuckersirup

Wer den Likör etwas dunkler mag, kann gut mit Zuckerkulör färben.

Walnußlikör

28 Vol.%

Walnüsse kennt jeder, und jeder liebt sie, wenn sie besonders in der Weihnachtszeit die langen Abende verschönern helfen. Doch die Verwendung von grünen, also unreifen Walnüssen ist schon viel weniger bekannt. Im richtigen »Unreife«-Stadium geerntet (dem Vernehmen nach sei dies zur Heiligen Johanna am 24. Juni der Fall), haben sie genau das Aroma, das wir in unserem Likör wünschen.

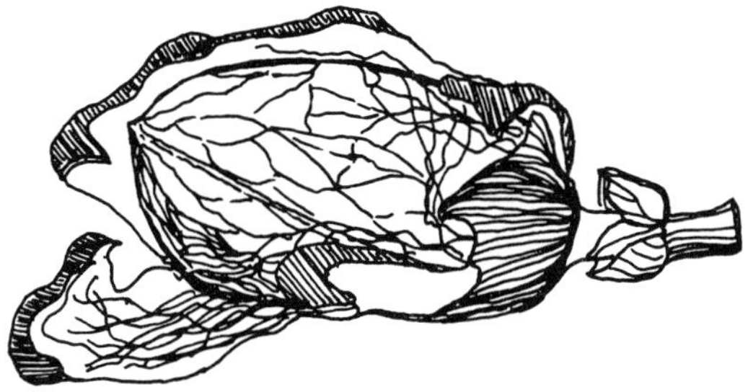

Wenn die Walnüsse noch so weich sind, daß man sie ohne weiteres mit einem Messer zerschneiden oder mit einer Stricknadel durchstechen kann, sind sie genau richtig. Sie werden fein gehackt und der nicht benötigte Saft wird mit der Handpresse abgepreßt. Zu den Rückständen gibt man die Nelken, die geriebene Muskatnuß und die Spirituosen. Alles kommt in eine weithalsige verschlossene Flasche und bleibt ca. vier Wochen unter gelegentlichem Umschütteln stehen.
Dann filtrieren, den Zuckersirup dazugeben und einige Wochen »reifen« lassen. Eventuell danach erneut filtrieren oder abziehen.

Für 0,7 l Likör:
200 g unreife Walnüsse
5 Nelken
½ Teelöffel Muskatnuß
35 cl Doppelkorn 38 Vol.%
15 cl Jamaica-Rum 40 Vol.%
20 cl Zuckersirup

Wer mag, kann noch eine halbe (aufgeschlitzte) Vanillestange während der Zeit des Ausziehens dazugeben.

Früchte in Alkohol

Alkohol konserviert, und was liegt da näher, als Früchte in Alkohol einzulegen. Doch tut man dies nicht nur, um die Früchte über den Winter zu bringen, sondern auch, um den herrlichen »Saft« danach in vollen Zügen genießen zu können. Hier ein paar Rezepte für diese alte, neue Konservierungsmethode.

Armagnacpflaumen

Erstklassige Backpflaumen – nehmen Sie am besten Kurpflaumen – werden in ein weithalsiges Glas gegeben und mit Armagnac aufgefüllt. Nach einigen Wochen ist es soweit. Eine Pflaume kommt ins Schnapsglas, ein Zahnstocher dazu und dann wird mit dem aromatisierten Armagnac aufgefüllt. Das geht genauso mit Weinbrand, Cognac oder Brandy.

Kirschen in Weinbrand

Von schönen vollreifen Sauerkirschen wird der Stiel zur Hälfte abgeschnitten. Dann kommen sie schichtweise mit Kandiszucker in ein Glas und dazwischen immer wieder ein, zwei Nelken und etwas Stangenzimt. Zum Schluß alles mit Weinbrand aufgießen. Nicht länger als 4–5 Monate aufheben, da sonst die Blausäure aus den Kernen ausgezogen wird. Das kann leicht zu Übelkeit oder Schlimmerem führen. Besser ist es, die Kirschen zu entkernen. Wer auf das Kernaroma nicht verzichten möchte, kann vorsichtig ein paar Tropfen Bittermandelöllösung dazugeben.

Friesische Bohnensuppe

Zu jeder Geburt in Ostfriesland wird dieser Trunk angesetzt, damit man ihn zur Taufe trinken kann. Es geht ganz einfach: Ein weithalsiges Glas wird mit Rosinen gefüllt und dann mit Korn aufgefüllt. Das kann man auch gut mit Rum machen.

Himbeeren im eigenen »Saft«

Mit »Saft« ist natürlich Himbeergeist gemeint. Geeignet sind besonders handverlesene makellose Waldhimbeeren, die man vielleicht bei einer größeren Ernte abzweigt und mit etwas Kandiszucker in ein Glas gibt und mit Himbeergeist übergießt. Nach 2–3 Monaten sind die Früchte »eßbar« und das Flüssige ist ein wahrer Göttertrank. Man kann selbstverständlich auch Gartenhimbeeren nehmen.

Mokkalikör (Seite 114), Wacholderlikör (Seite 107) und Bärenfang (Seite 110) ▷

Wacholder Likör
Bärenfang
Vanille Likör

Die »Nicht-Süßen«

Dieses Buch handelt ja nun von Likören, und Liköre haben eben immer Zucker als wesentlichen Bestandteil. Trotzdem wird es einmal Gelegenheiten geben, wo man Appetit auf einen »Harten« hat, einen schlichten Schnaps ohne Süße. Auch für diese Fälle haben wir ein paar Rezepte parat, bei denen solche Schnäpse noch ein wenig verbessert oder geschmacklich angereichert werden. Aus einem »langweiligen« Schnaps kann so eine interessante eigene Kreation werden.
In den Rezepten sprechen wir immer vom Klaren. Er ist am neutralsten und gut für solche »Verbesserungen« geeignet. Man kann aber ebenso auch Wodka, Korn, Doppelkorn, Weizenbrand und bei bestimmten Zutaten auch Gin, Genever, Aquavit und ähnliche klare Schnäpse nehmen.
All diese Gewürzbranntweine waren früher recht beliebt, sind aber ein wenig in Vergessenheit geraten. Gegenüber unseren Likören haben sie den Vorteil, daß sie den Magen stimulieren, ohne jedoch gleich zu sättigen. Sie sind deshalb auch als Aperitif, vor dem Essen getrunken, sehr brauchbar. Wenn wir in den Rezepturen keinen Zucker angeben, so sollte man dies nicht zu genau nehmen. 1–5% Zuckerzusatz ist zur Abrundung – wenn Sie es mögen – doch meist angebracht.

Zitronen-Klarer

Eine naturreine Zitrone hauchdünn mit einem scharfen Messer schälen und in den Klaren legen. Nach 1/2 Stunde probieren. Wenn der Zitronengeschmack ausreichend ist, die Schale entfernen. Sonst noch weiter ausziehen lassen und immer wieder zwischendurch probieren.

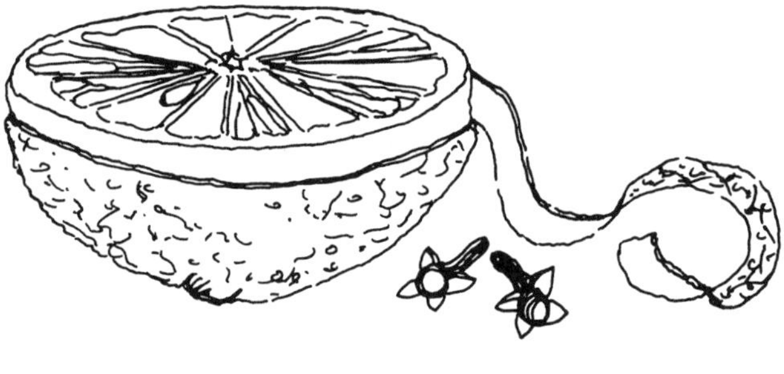

Gewürz-Klarer

Am besten geeignet sind Nelken, Zimtstange, Koriander, Vanille und Anis. Lassen Sie diese Gewürze zunächst in einer kleinen Menge Klaren ein paar Tage ausziehen und würzen Sie mit dem filtrierten Extrakt nach Belieben die Hauptmenge. Weitere Varianten kann man mit Wacholderbeeren, Kardamom, Veilchenwurzel, Muskatnuß, Piment und Rosmarin herstellen. Den Extrakt aber nur sparsam verwenden. Man soll eigentlich nur einen Hauch von den Gewürzen im Schnaps spüren.

Ingwer-Klarer

Man könnte im Prinzip die klein geschnittenen Ingwerwurzeln einfach einige Tage in der Spirituose ausziehen lassen, bis der gewünschte Geschmack erreicht ist. Das Ergebnis allerdings wäre eine ziemlich trübe Angelegenheit, da dabei auch nicht herausfiltrierbare Harze mit gelöst würden.

Wer einen »klaren« Klaren möchte, muß so verfahren: Die klein geschnittenen Ingwerwurzeln (ca. 40 g je Flasche) werden mit heißem Wasser, in dem 1 Teelöffel doppeltkohlensaures Natron gelöst wurde, übergossen. Nach zwei Tagen werden die Wurzeln in ein Sieb gegeben und gründlich mit Wasser ausgespült. Gut abtropfen lassen und das Wasser weitgehend auspressen. Jetzt die Wurzeln mit dem Klaren übergießen und einige Tage stehenlassen. Dann filtrieren. Etwas runder wird der Geschmack durch Zusatz von etwas Koriander, Macis (Muskatblüte) und Zimt.

Orangen-Klarer

Diesmal wird die Schale einer naturreinen Orange verwendet. Sonst genauso vorgehen wie beim Zitronen-Klaren.

Pfeffer-Klarer

2–3 Teelöffel frische, duftende Pfefferkörner einige Stunden im Klaren ausziehen lassen. Auch immer wieder einmal probieren. Die Russen machen dies mit Wodka und nennen es dann Pertsovka.

Waldmeister-Klarer

Dieses Kraut – man findet es im Mai in den Wäldern oder kann es zu dieser Zeit auf dem Markt kaufen – hat am meisten Aroma, wenn es schon etwas welk ist. Lassen Sie ein Sträußlein zunächst in etwas Schnaps ca. $^1/_2$ Std. ziehen und aromatisieren Sie damit die Hauptmenge. Wenn es nicht reicht, kann man immer noch etwas nachgeben. Im Handel gibt es Wodka Zubrowka, der einige Halme eines Steppengrases (Marien- oder Büffelgras) enthält. Den vom Wirkstoff Cumarin stammenden besonderen Geschmack kann man annähernd auch mit einigen Blättchen Waldmeister erzielen. Aber, wie gesagt, ganz vorsichtig dosieren.

Wundersame Würzen

Ganz wunderbar kann man alkoholische Auszüge zum *Würzen von Fleisch* verwenden. Dies sind zwar keine Liköre, aber sie passen auch so recht gut in die Rezeptsammlung dieses Buches.
Größere Fleischstücke werden von innen heraus gewürzt, indem man sie mit einer der folgenden Alkoholika spritzt. Dazu verwendet man eine Spritze mit mittelgroßer Nadel, wie man sie in jeder Apotheke bekommt. Mit der Spritze wird an verschiedenen Stellen etwas von der Lösung ins Fleisch gespritzt.

Knoblauch-Injektion

Einige geschälte und in kleine Stücke zerschnittene Knoblauchzehen werden mit Korn übergossen und eine Woche ausgezogen. Dazu kommt Salz und grob zerstoßener Pfeffer. Danach noch filtrieren, damit die Spritze nicht verstopft. Besonders geeignet ist diese Lösung *für Lammkeulen und -rücken.*

Zwiebel-Injektion

Schalotten oder Zwiebeln werden in große Stücke geschnitten. Dazu kommen Wacholderbeeren, Kümmelkörner, Gewürzkörner – alles grob zerstoßen – und Pfeffer sowie Salz oder noch besser Rauchsalz. Alles mit Korn übergießen und eine Woche ausziehen lassen. Danach filtrieren. Eignet sich besonders *für Schweine- und Rinderbraten.*

Pfeffer-Injektion

Wer es *besonders scharf* liebt, kann auch die folgende Pfeffer-Injektion herstellen: Schwarze und weiße Pfefferkörner, eine Chilischote, eine Prise Cayennepfeffer und Salz mit Korn übergießen und eine Woche stehen lassen. Davon sollte man aber nur kleinere Mengen ins Fleisch spritzen.
Selbstverständlich kann man statt Korn auch Wodka, Klaren, Wacholder, Aquavit oder aber Cognac, Weinbrand oder Armagnac verwenden. Die Lösungen sind weiterhin sehr gut als Würze für Salatsaucen geeignet. Einfach ein paar Tropfen dazugeben.

Ein andere art eins Diſtillierofen/mit einem jrrdinen helm/ vnd küpfferin külkeſſelin/ faſt breuchlich/den mann auch mit holtz anwermen mag.

Klassisch und neu, überliefert und eben erfunden:

Acht Likörrezepte

als Erweiterung zur zweiten Auflage

Karamel-Likör

25 bis 32 Vol.%

Damit es sich besser reimt, könnte man auch Kulör-Likör sagen, denn Karamel ist nichts anderes als Zuckerkulör, also durch Schmelzen bei hoher Hitze braun gewordener Zucker. Karamel-Likör ist nicht nur mit wenigen Zutaten sehr leicht herzustellen, er schmeckt auch wundervoll, und es ist erstaunlich, daß er völlig unbekannt ist. Wir haben ihn deshalb für unsere Likörfreunde eigens erfunden.

Der Zucker wird in einer (unbedingt) unbeschichteten Pfanne auf dem Herd zum Schmelzen gebracht. Bald wird er auch zunächst leicht braun, um sich dann immer stärker zu verfärben. Das geht dann plötzlich recht schnell, und auch wenn wir die Pfanne vom Herd nehmen, bräunt er noch weiter. Man muß so rechtzeitig aufhören, daß eine mittelbraune Farbe entsteht. Zum Karamel gibt man dann etwas Wasser und löst es, bis eine sirupartige Flüssigkeit entstanden ist. Besonderen Spaß macht das Ausprobieren der richtigen Mischung. Man gibt zunächst nur einen Teil des Karamels in einen beliebigen klaren Schnaps und probiert immer wieder, bis der Likör zusagt. Der Likör muß nicht mehr lagern; sollten sich nach längerer Aufbewahrung leichte Trübungen zeigen, zieht man wie gewohnt ab oder filtriert.

Für 0,7 l Likör:
0,5 l Klarer, Korn oder Doppelkorn
200 g Zucker

Da die Süßkraft durch das Karamelisieren nachläßt, kann man den Likör natürlich mit Zuckersirup süßen. Gut schmeckt er auch, wenn man weißen oder braunen Rum verwendet.

Sahnelikör

20 Vol.%

Ein für längere Zeit haltbarer Sahnelikör ist im Haushalt nicht herzustellen. Die Likörindustrie hat schon große Probleme, ihre Erzeugnisse zu stabilisieren, und muß deshalb gewisse geheime Zutaten verwenden, die uns nicht zugänglich sind. Da diese Liköre in den letzten Jahren aber so unwahrscheinlich beliebt wurden, wollen wir wenigstens ein »Eintagsrezept« angeben. Das heißt, der Likör sollte möglichst frisch, am gleichen Tage oder spätestens am nächsten getrunken werden. Nun, er schmeckt auch so ausgezeichnet, daß er sicherlich nirgends ein längeres Leben hätte.

Die Sahne wird im Wasserbad auf ca. 40 °C erhitzt, dann kommt unter ständigem Rühren (nicht mit dem Elektroquirl) die Spirituose dazu. Zuerst tropfenweise, später ein wenig schneller – also ähnlich wie beim Rühren einer Mayonnaise. Die Sahne muß sich gewissermaßen erst an den Alkohol gewöhnen. Gesüßt wird dann mit Honig, und der Vanille-Extrakt gibt das feine Aroma. Dies ist ein ganz natürlicher, allerdings ziemlich dünnflüssiger Sahnelikör – doch »Dickmacher« möchten wir ja auch nicht empfehlen.

Für 0,7 l Likör:
30 cl süße Sahne
(möglichst eine Dauersahne, die mehrere Monate haltbar ist)
10 cl Honig
Vanille-Extrakt (nach Wunsch)
30 cl Wodka 40 Vol.%

Einen Teil des Honigs kann man durch Zuckersirup austauschen. Ebenso gibt etwa 1/4 bis 1/3 Rum statt Wodka noch eine ganz besondere Note.
Vor dem Eingießen sollte man die Flasche tüchtig schütteln.

Hibiskus-Likör

25 Vol.%

Vielleicht kennen sie Hibiskus auch als Malve oder Eibisch. In jedem Fall bekommt man diese besonders in Afrika beheimatete Pflanze in getrockneter Form überall auch bei uns. In jedem Supermarkt wird sie in Teebeuteln abgepackt verkauft und gibt aufgebrüht einen tiefroten feinfruchtigen Tee, den Kinder und Erwachsene gleichermaßen schätzen.
Warum soll der Extrakt einer solchen Pflanze nicht auch einen erstklassigen Likör abgeben? Er tut es. Wir nehmen zwei Dutzend dieser Teebeutel, übergießen sie mit den Spirituosen und lassen sie 24 Stunden durchziehen. Wer es ganz genau nimmt, öffnet die Beutel und schüttet den Inhalt aus. Doch wer sich diese Arbeit sparen will, gibt die ganzen Beutel zum Wodka. Er braucht dann später nicht zu filtrieren. Der mittlerweile völlig rot gewordene Extrakt wird nun mit dem Honig und Zuckersirup gesüßt. Einige Wochen stehenlassen und dann wie gewohnt filtrieren oder abziehen.

Für 0,7 l Likör:
24 Beutel Hibiskus-Tee (Malve)
40 cl Korn 32 Vol.%
15 cl Kirschwasser 40 Vol.%
10 cl Zuckersirup
5 cl Honig (flüssig)

Man kann auch mit heißem Wasser einen ganz starken Aufguß machen und diesen verwenden. Den Alkoholgehalt hält man durch Verwendung von Doppelkorn (38 Vol.%).
Wer diesen Likör dickflüssiger mag, nimmt wie in der Einleitung beschrieben Glukose-Zucker.

Kokosnuß-Likör

25 Vol.%

Wenn Sie Kokosnüsse bei Ihrem Obsthändler entdecken, sollten Sie auch einmal an einen aromatischen Kokosnußlikör denken. Im Augenblick sind diese Liköre sehr in Mode, sie werden aber sehr alkoholschwach hergestellt, meist mit nur 16%, weil der Gesetzgeber dies seit drei Jahren erlaubt. Da jedes Prozent Alkohol in einer 0,7 l Flasche DM 0,18 Steuern kostet (ohne die darauf noch entfallenden Verdienstspannen usw.) macht man dies, um seine Erzeugnisse möglichst billig anbieten zu können.

Wir raspeln zunächst das saftige Kokosfleisch, nachdem es aus der durchgesägten Kokosnuß herausgeholt wurde. Dann werden die Raspel mit den Spirituosen gemischt und 14 Tage ausgezogen. Wenn man hin und wieder die Flasche gut schüttelt, so ist das recht nützlich. Danach wird zunächst durch ein Leinentuch filtriert, wobei man die Raspel auch noch gut ausdrücken sollte. Dann wie üblich fein filtern und schließlich mit Zuckersirup süßen. Einige Tage stehenlassen und nochmals filtern oder die Flasche vor dem Eingießen immer etwas schütteln.

Für 0,7 l Likör:
1 Kokosnuß
30 cl weißer Rum
23 cl Korn
15 cl Zuckersirup

Die Farbe dieses Likörs ist leider nicht sonderlich attraktiv, doch wir müssen uns damit abfinden. Die Industrie hat ganz andere Möglichkeiten und geheime Zusatzstoffe, die den Likör schneeweiß und dickflüssig machen. Letzteres können wir durch die Verwendung von Glukosesirup allerdings auch erreichen.

Weihnachtslikör

28 Vol.%

Weihnachten, das Fest der Feste, die schönste Zeit des Jahres – warum sollte man sich dafür nicht auch einen ganz eigenen nur dieser Zeit vorbehaltenen Likör zaubern. Da er ein paar Wochen »reifen« muß, ist es angebracht, ihn schon im Spätherbst herzustellen. Natürlich spielen weihnachtliche Gewürze die Hauptrolle in diesem Likör, und der Nebenzweck, sie helfen gleich ein wenig bei der Verdauung, wenn man den Likör nach dem Essen in Ruhe genießt.

Die Gewürze werden im Mörser grob zerstoßen und in der Spirituose eine Woche ausgezogen. Am letzten Tag läßt man auch die hauchdünn geschälte Zitronen- und Orangenschale mit ausziehen. Dann filtrieren und mit dem Zuckersirup süßen. Einige Wochen stehenlassen und nochmals filtrieren oder abziehen.

Für ca. 1 l Likör:
8 Gewürznelken
1/2 Stange Zimt
20 Korianderkörner
6 Pfefferkörner
4 Sternanis
1/4 Teelöffel Mazis (Muskatblüte)
3 Körner Piment (Allgewürz)
1/2 Teelöffel Kardamom
1 Zitrone (naturrein)
1 Orange (naturrein)
10 cl brauner Rum (40%)
60 cl Doppelkorn
30 cl Zuckersirup

Falls man den Likör dunkelbraun haben möchte, wird mit Zuckerkulör beliebig gefärbt. Auch kann man ein Tütchen Safran dazugeben.

Eier

Rosolio del Portugallo

20 Vol.%

Dieser herrliche Likör hat nichts mit Rosen und nichts mit Portugal zu tun. Es ist ein Orangen-Safran-Likör, der eine lange Geschichte hat und schon in uralten Büchern zu finden ist. Das folgende Rezept haben wir aus Mittelitalien, wo dieser Likör die Jahrhunderte überlebt hat.

Eine Orange wird dünn geschält, so daß das Weiße nicht an der Schale ist. Diese Schale mit einem kleinen Päckchen Safran, dem Zucker, der Spirituose und 20 cl Wasser acht Tage stehenlassen; täglich schütteln und dann filtrieren. Ein ganz einfacher, volkstümlicher Likör aus jenem Land, wo fast jeder etwas davon versteht.

Für 1 l Likör:
1 Orange naturrein
1 kleines Päckchen Safran
500 g Zucker
50 cl Wodka o. ä. 40 Vol.%

Für den Rosolio gibt es, wie es bei volkstümlichen Rezepten so üblich ist, natürlich viele Varianten. Bei einer wird der Safran durch 20 Gewürznelken und eine Zimtstange ersetzt, in einem weiteren schreibt man Sternanis, Kalmuswurzel, Kardamom, Zimt und dünn geschälte Zitronenschale vor. Anregungen nur, vielleicht einmal eigene Wege gehen.

◁ Eierlikör (Seite 113)

Ratafia

25 Vol.%

Dies ist einer der ältesten Fruchtsaftliköre überhaupt. Schon in mittelalterlichen Büchern findet man Rezepte dafür. Speziell in Frankreich und Italien wird dieser Likör noch heute nach den alten überlieferten Rezepturen in vielen Haushalten hergestellt.
Wir können hier ein Rezept aus Süditalien, aus den Abruzzen, bieten, das viel Spaß verspricht.

Die entstielten, aber nicht entkernten Sauerkirschen werden ausgebreitet und zwei bis drei Tage an die Luft gelegt, damit sie etwas eintrocknen. In einem Glasgefäß werden sie mit dem Rotwein, der Vanilleschote und der Zimtstange verschlossen 40 Tage auf ein Fensterbrett (möglichst in die Sonne) gestellt. Dabei möglichst oft schütteln. Das Glas sollte so voll wie möglich sein. Dann filtrieren, den Zucker und Alkohol dazugeben. Jetzt heißt es Geduld haben, denn dieser Likör sollte ein ganzes Jahr im Keller stehen, um seine volle Reife zu erlangen. Gelegentlich muß er dabei geschüttelt werden, damit sich der Zucker auflöst.

Für 1,5 l Likör:
1 kg Sauerkirschen
1 l Rotwein (möglichst schwer und alt)
30 cl Alkohol 90 Vol.%
300 g Zucker
1 Vanilleschote
1 Stange Zimt

Statt Vanilleschote kann man auch 10 Nelken dazugeben. Ein paar Bittermandeln verstärken das typische Aroma der Kirschkerne noch, das viele Likörgenießer mögen.

Sherry-Likör

25 Vol.%

Der aus dem südlichen Spanien kommende Sherry hat eine ganz eigene Note, die viele lieben. Daß man aus Sherry auch einen ansprechenden Likör machen kann, wissen allerdings nur wenige. Der typische Ton, auf den es uns besonders ankommt, wird auch im Likör zum Ausdruck kommen. Sherry-Likör paßt besonders gut zur Teestunde und über Eiswürfel als anregender Drink vor dem Essen. In diesem Fall kann man ihn gut auch mit eiskaltem Sekt auffüllen.

Zunächst lassen wir eine Vanilleschote und Korianderkörner im Alkohol einige Tage lang ausziehen. Dann filtrieren und mit dem Sherry mischen. Gesüßt wir mit Zuckersirup und Grenadine-Sirup.

Für 0,7 l Likör:
1/2 Vanilleschote
10 Korianderkörner
6 cl 96%iger Alkohol
54 cl Sherry dry
8 cl Zuckersirup
4 cl Grenadinesirup

Natürlich kann man auch süßere Sherrysorten – wie Oloroso, medium oder Cream – verwenden. Den Zusatz von Zuckersirup sollte man dann aber eventuell reduzieren.

Das Äußere

Liköre haben nicht nur ein geistvolles Innenleben. Wenn man sich soviel Mühe macht, sollte man sie seinen Gästen auch in ansprechender Form vorstellen. Besonders wichtig ist es, sich schon möglichst früh einen Vorrat möglichst *origineller Flaschen* anzulegen. Vielleicht können Sie auch bei Freunden, Bekannten, Verwandten und eventuell auch in Ihrem Stammrestaurant ein wenig schnorren. Meist werden solche Flaschen ja doch weggeworfen, und man wird sie Ihnen gerne überlassen. Die Flaschen weicht man am besten zunächst in heißem Wasser ein, so daß sich eingetrocknete Reste und die Etiketten lösen. Dann mehrfach mit Wasser nachspülen, bis sie absolut sauber sind. Nun zunächst verkehrt herum aufstellen, daß das Wasser auslaufen kann. Später aufrecht stehend gänzlich austrocknen lassen. Bis zum Füllen die Flaschen verschlossen oder mit dem Hals nach unten aufbewahren.

Auch *Korken* sollte man rechtzeitig sammeln. Hier eignen sich besonders die Griffkorken als Verschluß, die man vor dem Gebrauch in kaltem Wasser reinigt.

Will man Schraubverschlüsse verwenden, sollte sichergestellt sein, daß die Kunststoffeinlage noch elastisch und dicht ist – zumindest wenn man den Likör längere Zeit aufheben möchte. Da manche Liköre erst nach einer längeren Lagerzeit »trinkbar« geworden sind, verschließt man diese besser mit einem neuen Korken.

Liköre müssen übrigens – wie alle hochprozentigen Alkoholika – unbedingt stehend aufbewahrt werden und sollten nicht dem Sonnenlicht ausgesetzt sein (eventuell kann man auch dunkle Flaschen verwenden).

Schön ist natürlich, wenn Sie Ihr eigenes *Etikett* haben, besonders wenn Sie mal ein Fläschchen verschenken möchten. Leicht kann man sich mit den neuartigen Abreibeschriften selbst einen einfachen Entwurf anfertigen, wenn man keinen Graphiker unter seinen Freunden hat, der einem dies abnimmt. Diesen Grundentwurf kann man dann fotokopieren, ausschneiden, eventuell mit fehlenden Angaben ergänzen und auf die Flaschen kleben. Hier auch ein paar solcher Entwürfe, die Sie aus dem Buch kopieren können. Aus den einzelnen Elementen kann man ohne viel Mühe auch neue Varianten zusammenstellen.

So recht rundet sich das äußere Bild schließlich, wenn Sie noch eine Kapsel über den Hals der Flasche stülpen und diese dann fest andrükken. Bei ganz besonderen Tropfen macht es sich auch gut, die Flasche mit *Siegellack* zu verschließen.

Grande Liqueur

INTERNATIONAL

Eine Rarität besonderer Güte.

Liqueur

ABGEFÜLLT AM

garantiert hausgemacht

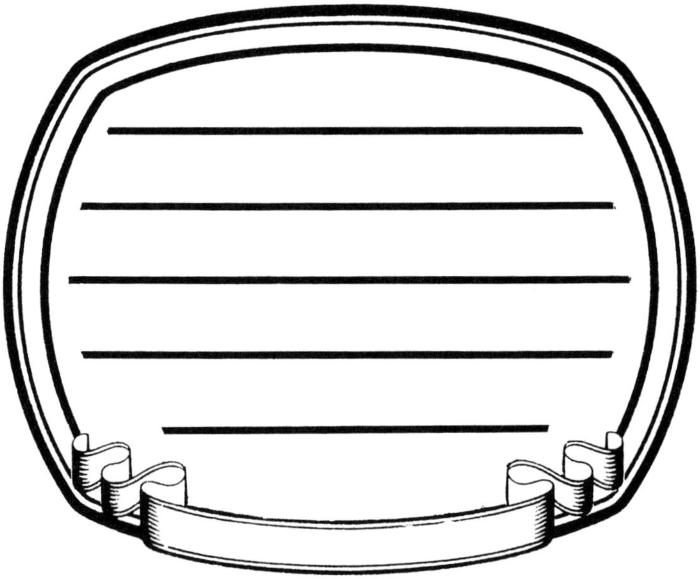

KRÄUTERLIKÖR

Alkoholberechnung

Wer gerne rechnet und Spaß daran hat, den Alkoholgehalt seiner selbstbereiteten Liköre wenigstens annäherungsweise zu wissen, kann mit den folgenden Berechnungsmethoden arbeiten:

1. Mischen alkoholfreier mit alkoholhaltigen Zutaten

Ein in der Menge feststehendes alkoholfreies Gemisch, z. B. aus Fruchtsaft, Sirup oder Wasser, oder auch diese Flüssigkeiten separat, soll mit Alkohol oder einer hochprozentigen Spirituose zu einem gewünschten Alkoholgrad gebracht werden. Recht leicht können wir die erforderliche Menge des Alkohols oder der Spirituose ermitteln, die mit der anderen Flüssigkeit zu mischen ist. Hier zunächst einmal die Formel:

$$\frac{\text{Gewünschter Alkoholgehalt des Likörs}}{\text{Vorhandener Alkoholgehalt} - \text{Gewünschter Alkoholgehalt des Likörs}} \times \text{vorhandene Menge der alkoholfreien Flüssigkeit} = \text{erforderliche Menge der alkoholhaltigen Flüssigkeit}$$

An zwei Beispielen soll diese Rechnung demonstriert werden:
1.) Wir möchten einen 32%igen Likör herstellen und haben einen Liter Fruchtsaft/Sirup-Gemisch und jede Menge Alkohol zur Verfügung:

$$\frac{32}{96-32} = \frac{32}{64} = 0{,}5 \times 1 = 0{,}5\ \text{l}$$

0,5 l 96%igen Alkohols sind also erforderlich, um das vorhandene Fruchtsaft/Sirup-Gemisch auf 32% Alkohol zu bringen. Das ergibt dann 1,5 l Likör.

2.) Wir möchten einen 25%igen Likör herstellen und haben 0,8 Liter Kirschsaft/Sirup-Gemisch und jede Menge 70%igen Rum zur Verfügung:

$$\frac{25}{70–25} = \frac{25}{45} = 0{,}56 \times 0{,}8 = 0{,}44\ \text{l}$$

0,44 l des 70%igen Rums müssen also mit den vorhandenen 0,8 l Kirschsaft/Sirup-Gemisch vermischt werden, um den gewünschten 25%igen Likör zu erhalten. Das ergibt dann 1,24 l Likör.

2. Zwei alkoholhaltige Flüssigkeiten mit unterschiedlichem Alkoholgehalt sollen zu einem gewünschten, neuen Alkoholgehalt vermischt werden.

Dies geschieht nach folgender Berechnung:

Vorhandene Alkoholprozente in der höherprozentigen Flüssigkeit – Gewünschte Alkoholprozente im späteren Likör = Teile der niedrigerprozentigen Flüssigkeit

Gewünschte Alkoholprozente im späteren Likör – Vorhandene Alkoholprozente in der niedrigerprozentigen Flüssigkeit = Teile der höherprozentigen Flüssigkeit

Was über dem Strich herauskommt, sind die Anteile der niedrigerprozentigen Flüssigkeit, die mit den unter dem Strich berechneten Anteilen an höherprozentigem Alkohol nur gemischt zu werden brauchen. Ein Beispiel soll dies verdeutlichen. Wir wollen einen 25%igen Fruchtauszug mit Alkohol 96% zu einem 30%igen Likör mischen:

$$\frac{96-30}{30-25} \quad \begin{matrix} = 66 \text{ Teile } 25\% \\ = 5 \text{ Teile } 96\% \end{matrix}$$

Es müssen also 5 Teile des 96%igen Alkohols mit 66 Teilen des 25%igen Fruchtauszugs gemischt werden, um einen Likör von 30% zu erhalten.

Angenommen, man hat nun eine bestimmte Menge des Fruchtauszuges, die man mit einer frei verfügbaren Menge des Alkohols 96% mischen möchte, so kann man dies ebenfalls anschließend leicht ausrechnen. Hat man z. B. 1000 ccm (= 1 Liter) Fruchtauszug, wird diese Menge durch 66 geteilt = 15. Ein Teil ist also 15 ccm und die erforderlichen 5 Teile wären demnach 75 ccm. So einfach ist das. (Und doch mag sich so mancher mit Grausen von diesen Berechnungen abkehren. Kann er auch, denn bei der häuslichen Likörbereitung kommt es wirklich nicht so sehr darauf an. Hauptsache, der Likör schmeckt gut.)

Literaturverzeichnis

*Arius, Claus, Großes Getränkebuch, 1977, Falken-Verlag Niedernhausen

*Arntz, Prof. Helmut, Weinbrenner, 1975, Seewald Verlag

Fischer, Anton, Die Likör-Fabrikation in ihrem ganzen Umfange, 1863, Verlag Otto Spamer Leipzig

Gaber, August, Die Liqueur-Fabrication, 5. Auflage 1889, Hartlebens-Verlag in Wien, Pest, Leipzig

*George, Herbert, Likör-Bereitung, 4. Auflage 1978, Verlag Eugen Ulmer & Co. in Stuttgart

Goettler, Dr. H., (Kullmann), Lexikon der Spirituosen- und alkoholfreien Getränke-Industrie, 1922, Oskar Born in Leipzig

*Haeseler, Prof. Dr. G., (Wüstenfeld), Trinkbranntweine und Liköre, 4. Auflage 1964, Paul Parey in Berlin und Hamburg

*Horn, Erna, Branntewein in Frauenhand, 1977, Heimeran Verlag

*Maurizio, Dr. A., Geschichte der gegorenen Getränke, Nachdruck 1970 der Ausgabe von 1933, Verlag Dr. Sändig in Wiesbaden

Reitersmann, R., (Hartmann), Die Frucht-Liköre, 2. Auflage 1952, Carl Knoppke Grüner Verlag Berlin-Charlottenburg

Schedel, C. F. B., Practische und bewährte Anweisung zur Destillirkunst und Liqueurfabrication, 3. Auflage 1841, B. F. Voigt Weimar

*Spirituosen Jahrbuch 1983, Versuchs- und Lehranstalt für Spiritusfabrikation und Fermentationstechnologie in Berlin

Trempenau, Wilhelm, Die Likörfabrikation, 8. Auflage, Ernst'sche Verlagsbuchhandlung Leipzig (ca. 1910)

erhältlich in jeder Buchhandlung

Sach- und Namensregister

Rezept- und Stichwortverzeichnis